交通与交流系列

满汉文化交流史话

A Brief History of
Cultural Exchanges between Manchus and
Hans in China

定宜庄 / 著

社会科学文献出版社
SOCIAL SCIENCES ACADEMIC PRESS (CHINA)

图书在版编目（CIP）数据

满汉文化交流史话/定宜庄著.—北京：社会科学文献出版社，2011.12（2014.8重印）
（中国史话）
ISBN 978-7-5097-2834-5

Ⅰ.①满… Ⅱ.①定… Ⅲ.①民族文化-文化交流-文化史-满族、汉族-清代 Ⅳ.①K282.1②K281.1

中国版本图书馆 CIP 数据核字（2011）第 222352 号

"十二五"国家重点出版规划项目

中国史话·交通与交流系列

满汉文化交流史话

著　者 / 定宜庄

出 版 人 / 谢寿光
出 版 者 / 社会科学文献出版社
地　　址 / 北京市西城区北三环中路甲29号院3号楼华龙大厦
邮政编码 / 100029

责任部门 / 人文分社　（010）59367215
电子信箱 / renwen@ssap.cn
责任编辑 / 宋淑洁　岳　蕾
责任校对 / 郭艳萍
责任印制 / 岳　阳
经　　销 / 社会科学文献出版社市场营销中心
　　　　　（010）59367081　59367089
读者服务 / 读者服务中心（010）59367028

印　　装 / 北京画中画印刷有限公司
开　　本 / 889mm×1194mm　1/32　印张 / 6.25
版　　次 / 2011年12月第1版　字数 / 122千字
印　　次 / 2014年8月第2次印刷
书　　号 / ISBN 978-7-5097-2834-5
定　　价 / 15.00元

本书如有破损、缺页、装订错误，请与本社读者服务中心联系更换
版权所有　翻印必究

《中国史话》
编辑委员会

主　　任　陈奎元

副 主 任　武　寅

委　　员　（以姓氏笔画为序）
　　　　　卜宪群　王　巍　刘庆柱
　　　　　步　平　张顺洪　张海鹏
　　　　　陈祖武　陈高华　林甘泉
　　　　　耿云志　廖学盛

总　序

中国是一个有着悠久文化历史的古老国度，从传说中的三皇五帝到中华人民共和国的建立，生活在这片土地上的人们从来都没有停止过探寻、创造的脚步。长沙马王堆出土的轻若烟雾、薄如蝉翼的素纱衣向世人昭示着古人在丝绸纺织、制作方面所达到的高度；敦煌莫高窟近五百个洞窟中的两千多尊彩塑雕像和大量的彩绘壁画又向世人显示了古人在雕塑和绘画方面所取得的成绩；还有青铜器、唐三彩、园林建筑、宫殿建筑，以及书法、诗歌、茶道、中医等物质与非物质文化遗产，它们无不向世人展示了中华五千年文化的灿烂与辉煌，展示了中国这一古老国度的魅力与绚烂。这是一份宝贵的遗产，值得我们每一位炎黄子孙珍视。

历史不会永远眷顾任何一个民族或一个国家，当世界进入近代之时，曾经一千多年雄踞世界发展高峰的古老中国，从巅峰跌落。1840年鸦片战争的炮声打破了清帝国"天朝上国"的迷梦，从此中国沦为被列强宰割的羔羊。一个个不平等条约的签订，不仅使中国大量的白银外流,更使中国的领土一步步被列强侵占,国库亏空,民不聊生。东方古国曾经拥有的辉煌,也随着西方列强坚船利炮的轰击而烟消云散,中国一步步堕入了半殖民地的深渊。不甘屈服的中国人民也由此开始了救国救民、富国图强的抗争之路。从洋务运动到维新变法,从太平天国到辛亥革命,从五四运动到中国共产党领导的新民主主义革命,中国人民屡败屡战,终于认识到了"只有社会主义才能救中国,只有社会主义才能发展中国"这一道理。中国共产党领导中国人民推倒三座大山,建立了新中国,从此饱受屈辱与蹂躏的中国人民站起来了。古老的中国焕发出新的生机与活力,摆脱了任人宰割与欺侮的历史,屹立于世界民族之林。每一位中华儿女应当了解中华民族数千年的文明史,也应当牢记鸦片战争以来一百多年民族屈辱的历史。

当我们步入全球化大潮的 21 世纪,信息技术革命迅猛发展,地区之间的交流壁垒被互联网之类的新兴交流工具所打破,世界的多元性展示在世人面前。世界上任何一个区域都不可避免地存在着两种以上文化的交汇与碰撞,但不可否认的是,近些年来,随着市场经济的大潮,西方文化扑面而来,有些人唯西方为时尚,把民族的传统丢在一边。大批年轻人甚至比西方人还热衷于圣诞节、情人节与洋快餐,对我国各民族的重大节日以及中国历史的基本知识却茫然无知,这是中华民族实现复兴大业中的重大忧患。

中国之所以为中国,中华民族之所以历数千年而不分离，根基就在于五千年来一脉相传的中华文明。如果丢弃了千百年来一脉相承的文化，任凭外来文化随意浸染，很难设想13亿中国人到哪里去寻找民族向心力和凝聚力。在推进社会主义现代化、实现民族复兴的伟大事业中，大力弘扬优秀的中华民族文化和民族精神，弘扬中华文化的爱国主义传统和民族自尊意识，在建设中国特色社会主义的进程中，构建具有中国特色的文化价值体系，光大中华民族的优秀传统文化是一件任重而道远的事业。

当前，我国进入了经济体制深刻变革、社会结构深刻变动、利益格局深刻调整、思想观念深刻变化的新的历史时期。面对新的历史任务和来自各方的新挑战，全党和全国人民都需要学习和把握社会主义核心价值体系，进一步形成全社会共同的理想信念和道德规范，打牢全党全国各族人民团结奋斗的思想道德基础，形成全民族奋发向上的精神力量，这是我们建设社会主义和谐社会的思想保证。中国社会科学院作为国家社会科学研究的机构，有责任为此作出贡献。我们在编写出版《中华文明史话》与《百年中国史话》的基础上，组织院内外各研究领域的专家，融合近年来的最新研究，编辑出版大型历史知识系列丛书——《中国史话》，其目的就在于为广大人民群众尤其是青少年提供一套较为完整、准确地介绍中国历史和传统文化的普及类系列丛书，从而使生活在信息时代的人们尤其是青少年能够了解自己祖先的历史，在东西南北文化的交流中由知己到知彼，善于取人之长补己之短,在中国与世界各国愈来愈深的文化交融中,保持自己的本色与特色,将中华民族自强不息、厚德载物的精神永远发扬下去。

《中国史话》系列丛书首批计200种,每种10万字左右,主要从政治、经济、文化、军事、哲学、艺术、科技、饮食、服饰、交通、建筑等各个方面介绍了从古至今数千年来中华文明发展和变迁的历史。这些历史不仅展现了中华五千年文化的辉煌,展现了先民的智慧与创造精神,而且展现了中国人民的不屈与抗争精神。我们衷心地希望这套普及历史知识的丛书对广大人民群众进一步了解中华民族的优秀文化传统,增强民族自尊心和自豪感发挥应有的作用,鼓舞广大人民群众特别是新一代的劳动者和建设者在建设中国特色社会主义的道路上不断阔步前进,为我们祖国美好的未来贡献更大的力量。

陈奎元

2011年4月

⊙定宜庄

作者小传

定宜庄,女,满族,北京市人。1968年赴内蒙古锡林郭勒盟阿巴嘎旗插队,1974年回城。先后在北京师范大学、中央民族大学获史学学士、硕士和博士学位。现为中国社会科学院历史所研究员、博士研究生导师。专业为清史、满族史。著有《清代八旗驻防制度研究》、《满族的妇女生活与婚姻制度研究》、《最后的记忆——十六名旗人妇女的口述历史》和《老北京人的口述历史》及学术论文数十篇。

目 录

引 言 …………………………………… 1

一 从白山黑水到辽沈平原 …………… 4
  1. 悠久的渊源 ………………………… 4
  2. 汗国的建立与"天"的观念 ……… 9
  3. 建国方向的转变 ………………… 14
  4. 民族关系的缓和 ………………… 19
  5. 效法汉俗的第一步 ……………… 26

二 "满汉一家"与"国语骑射" ……… 33
  1. 最初的较量 ……………………… 34
  2. 民族的交融 ……………………… 39
  3. 提倡尊孔崇儒 …………………… 43
  4. 褒奖忠孝节义 …………………… 47
  5. 《大义觉迷录》与文字狱 ………… 51
  6. 八旗子弟的教育 ………………… 55
  7. 满洲共同体的稳定 ……………… 59
  8. "国语骑射"政策的提出 ………… 62

三 满汉风俗的流变 …………………… 66
  1. 北京城的风俗 …………………… 67

2. 东北的汉族流人与流民 …………………… 75
3. 各地驻防八旗的满汉关系 ………………… 80
4. 缠足、火葬与殉节 ………………………… 85
5. 萨满教的兴衰 ……………………………… 92

四 语言与文学的交融 …………………………… 98
1. 满语的变迁 ………………………………… 98
2. 姓氏与人名的演化 ………………………… 105
3. "重文轻武"风气的形成 …………………… 111
4. 满族文学概述 ……………………………… 118

五 曹雪芹、纳兰性德及其他 …………………… 127
1. 曹雪芹 ……………………………………… 127
2. 纳兰性德 …………………………………… 134
3. 岳端及其他 ………………………………… 142
4. 阿什坦、和素与麟庆 ……………………… 149

六 "驱逐鞑虏"与"五族共和"下的满族 …… 154
1. "化除满汉畛域" …………………………… 154
2. "驱逐鞑虏,恢复中华" …………………… 160
3. "五族共和"下的满族 ……………………… 163
4. 艰辛的历程 ………………………………… 167

结束语 …………………………………………… 172

参考书目 ………………………………………… 176

引 言

满族是继蒙古族之后又一个建立起全国性中央王朝的少数民族，它所建立的清王朝，统治中国近300年之久，对中国的历史以及现代社会都产生了深刻影响。与蒙古族不同的是，清朝灭亡之后，当年随同满族统治者入关的八旗后代并没有返回东北故乡，而是融入了当地社会。

几百年在汉族地区与汉族人民的共同生活，已经使满族丧失了他们当年借以打天下的民族传统。这个传统，用清朝统治者概括的话说，就是"国语骑射"。国语，指的是本民族语言，即满语；骑射，指的是满族在长期狩猎生活中练就的骑在马上奔驰射箭的特技。如今的满族，在语言、文化、风俗习惯各方面，与汉族已经没有明显差异，以致很多人提到这个民族时，都认为它已经"汉化"了。

"汉化"一词并不准确，但满族确实是在不断地向周边各民族尤其是汉族学习、仿效、交流的过程中，在不断地扬弃自己那些不适应历史发展的落后的传统习俗的过程中，得以崛起、发展和壮大的。正是由于采用了汉族的一整套高度成熟的政治制度，满族才得以在中原立足并维持了近300年的统治。可见，一个社会经济发展水平较低的民族，向相对来说发展水平较高的民族学习、看齐，在中国这片土地上往往以"汉化"的形式表现出来，这实在是大势所趋。

满族"国语骑射"的民族特色，早在清朝中叶就开始丧失，但某些民族特色的丧失，并不一定就意味着民族本身的衰亡。相反，满族在不断丧失自己的某些传统和特色的过程中，走出了山林，摆脱了愚昧，在身后留下了其他少数民族难以媲美的煌煌历史业绩，走进了更加广阔的新天地。如今，满族在人口数量上，已经位居我国少数民族中的第二位。它的经济和文化发展水平，已经达到不逊于我国任何民族包括汉族的高度，它拥有众多令中华民族为之骄傲的人才，这一切，是那些尚生活在原来的出生地，保留了更多本民族传统的少数民族无法望其项背的。当然，在这个过程中，也包含了很多的痛苦和不幸，满族也丢弃了很多有价值的、珍贵的东西，但是从民族发展和进步的大方面来说，孰轻孰重，却是一望便知的。

当然，任何民族间的交流和学习，都不会是单方面的。满族入关，有其落后、野蛮的一面，但也为正在腐朽没落的汉族封建政治文化注入了一股山野之民的勃勃生机，使此后几百年的社会历史和文化，留下了这个民族特有的鲜明印记，如今，这一切已成为中华民族共同的历史遗产和精神财富。

在改革开放的今天，回顾满汉两个民族300多年文化交流的历史，会给予我们许多有益的启示。在向其他民族学习的同时，怎样才能保持自己的传统文化，这是个非常具有现实意义的课题。无论对这个问题做出什么样的回答，有一点是无法否定的，那就是，一个民族只有走出自己狭隘、封闭的小天地，积极学习和吸收其他民族一切优秀的、先进的东西，同时勇于抛弃自己不合潮流的旧俗，这个民族才能够发展，才能够强盛，并在世界上为自己争得立足之地。同时，自己民族的优秀文化，也才能因此而成为全人类的共同财富。

一　从白山黑水到辽沈平原

 **悠久的渊源**

满族的族名是 17 世纪中叶才出现的，但它有着悠久的渊源。人们一般认为，它的最早先人可以追溯到西周时期的肃慎。肃慎是以向中原王朝进贡过"楛矢石砮"而闻名的。此后，两汉、三国时期的勿吉、挹娄，隋唐时期的靺鞨，金、元、明时期的女真，都被民族史学家归入同一个族系中，称为"肃慎—满"族系。这个族系主要活动于东北的东北部，也就是长白山以北、松花江流域以及黑龙江中下游两岸。它们在文化上存在不少共同的特征，如语言相同，冬天都住在半地穴式的建筑中，"俗皆编发"，祭祀用猪，流行着与渔猎经济密切相关的动物崇拜等。这与活动于东北地区的西北部，以"逐水草而居"为特点的东胡族系的游牧民族，构成了显著的区别。

在漫长的历史岁月中，肃慎—满族系中的先进部分，曾经一次又一次地崛起于东北大地。他们接纳周边其他民族的成员，汲取新的文化养分，然后形成新的民族，并陶冶出独特的文化风采。其中如隋唐时期的粟末靺鞨，曾经与一部分高句丽人一起，在松花江上游、长白山北麓一带建立了国家，名叫振国。振国的首领大祚荣，后来被当时正处于强盛时期的唐朝册封为渤海郡王，此后便以渤海为国号。渤海国的政治、军事、文化各项制度，都是仿照唐朝的制度建立起来的，它的儒学、宗教、文学和艺术，处处体现着盛唐文化的风格和影响。渤海国一度非常强盛，号称"海东盛国"，延续了200余年，后来被契丹族建立的辽国所灭。女真人建立了金朝以后，把渤海国的许多遗民纳入到女真人特有的组织猛安、谋克之中，然后又与汉人或其他族人逐渐同化，到元朝时，已被看做是"汉姓八种"之一了。还有一部分渤海国遗民，则迁居到朝鲜境内，成为后来高丽国的居民。

继渤海国之后再度在东北大地上崛起的肃慎族系后人，是1115年建立金国的女真人。他们接纳了高丽、室韦、突厥以及汉等各民族的成员，使它的文化蕴含了远比它的先人更为丰富的内容，并仿依汉文的楷书创造出女真文字。早在兴起之初，金国的统治者就熟悉汉族的历史典故，常用来作为自己治国用兵的借鉴，后来的满族统治者便继承了这个传统。女真人进入中原以后，尽管统治者制定了限制本族人学习汉语、改用汉姓的禁令，但他们的主观愿望扭转不了历史发展的必然趋势。金朝后期，在进入中原地区的女真人中，原有的民族特点已经基本看不到了。到了元代，他们被列入广义的"汉人"之内，与汉人已无显著区别。

这些民族居住和活动的地域得天独厚。一是这个地带自古以来就是各民族、各部落不断迁徙往来的场所，这种迁移给各民族带来更多接触、交往的机会。其间固然会有碰撞、有冲突，甚至会发生流血和战争，但是，在这片土地上，更常见的情况还是和平的通婚、贸易和融合。没有哪个民族的血缘是单一的，这一点构成了这些民族在文化上多源多流的特征。二是这个族系的各民族，地处于东北地区南部以汉族为代表的农耕文化与西部东胡族系所代表的游牧文化之间。这代表了我国古代两大文明体系的文化，使散处于山林水滨的肃慎系部落民众得到丰富的滋养。他们的每一次迅速崛起和壮大，无不是受到这两大文化深刻影响的结果。尤其是与汉族农耕区直接毗邻的格局，使他们几乎无法偏离这一规律，那就是因汲取汉族文化的滋养而强大，然后抵御不了文明富饶的诱惑而进军那片地区，并最终融入汉族的汪洋大海之中，最后消失了自己。

14世纪以后，从居住在明朝辽东边墙外的女真人中，又一次分化出了一批先进者——建州、海西诸部，他们同样在这种文化背景下发展、壮大，并最终形成一个新的民族——满族。

这些从地阻万山、林木蔽天的辽阔森林中走出来的狩猎民，在长达两个世纪的岁月中几经辗转，最后，建州女真定居在今天辽宁省东部的苏子河畔，海西女真则迁徙到了开原东北、辉发河流域北至松花江中游的大曲折处。在他们面前，从此出现了一片崭新而又广阔的天地。

这些女真人迤逦南迁所经过的这片土地，其实早在明朝初期，就被置于朝廷的统治范围之内了。到永乐年间，明成祖经略黑龙江下游，在遥远的黑龙江入海口，依山面水修建了永宁寺，使女真人早在接触蒙古的藏传佛教之前，就感受到汉族文化和汉地佛教的影响。明朝在开原东北至松花江一带建立了大大小小270余个卫所，对于到京城朝见的女真首领，朝廷为他们量官授职，实行政治上的羁縻控制。明朝还在辽东开设"马市"，将汉族地区的耕牛、农具、缎匹、盐米源源输入女真人部落，换取女真人的皮毛、东珠、马匹、药材等各种土产，促进了女真人与汉族地区的经济、文化交流和相互依赖。

据明朝人记载，这一时期络绎往来于女真各部落间的汉人男女，几乎占了当地人口的一半。而正处于向奴隶制急剧过渡过程中的女真人，则除了与明朝进行频繁的贸易之外，还不断地对汉族地区进行掳掠，抢夺人口和牲畜。明朝中叶，在许多女真部落中都能见到汉族人，有的是被掳去的，也有的是为逃避差役或畏罪逃亡的。他们被女真人驱使在田间耕作，同时也教女真人"板竹以为居，缯练以为衣，火食以为食"（陈继儒：《建州考》），使定居后的女真各部落的生产获得了迅速发展。到16世纪初，苏子河畔已是一派"农人与牛，布散于野"的景象了。当然，从事农耕的都是汉人和朝鲜人，女真人自己主要还是从事采集、狩猎并以作战为业。

汉文化的影响在女真人的精神生活中日渐明显。那些经常往来于汉区，尤其是经常到京城朝觐的女真上层，无不深受汉族文化的濡染，如建州右卫都指挥使王杲，就"能解番、汉语言字义，尤通日者术"。这样的女真上层，当然不只王杲一人。建州部首领、后金国创建者努尔哈赤，年青时常常往来于抚顺一带的马市，在与汉人、蒙古人的交往中，掌握了蒙古语，也初步听懂了汉语，认识了一些汉字，并从汉人那里了解了许多明朝内部的情况。据说，他年轻的时候最喜读的就是汉族的小说《水浒》和《三国演义》。《三国演义》当时在女真人中的影响非常广泛，不仅书中所推崇的"忠"、"义"等汉族封建道德规范成为努尔哈赤等女真人处世为人的道德准则，书中所述的政治军事战略也成为他们制定内外国策和作战方略必不可少的依据。书中人物关羽，更因其英勇善战、忠君信友的大将军形象，受到崇尚武功、恪守信义的女真人的特别喜爱。他们很快就把汉地对"关圣帝君"的崇拜接纳过去，以至于明代关外蒙古、女真部落首领与明朝边将盟誓的时候，都要请出双方所笃信的关羽圣像，摆设香案祭奠，然后再杀白马、黑牛，白酒抛天，歃血盟誓。当然，后者是蒙古游牧民族的典型礼俗。

佛教作为盛唐文化的重要内容之一，早在渤海国时期，就已风靡于白山黑水之间。从辽、金以至元的历朝少数民族统治者，都经历过从原始萨满教到皈依佛门的转变，并在辽东遗留下大量佛教梵宇和经久不衰的影响。1616 年，努尔哈赤称汗立国之初，在赫图阿拉城东山顶上所建造的佛寺、玉皇庙和十王殿等"七大庙",就是接受这种影响的产物。据说,他平时常常手持念珠,言语间也必称我佛如何如何,这导致了植根于原始渔猎文化之中的萨满教的急剧衰落。

 汗国的建立与"天"的观念

努尔哈赤最初建国称汗的时候,取法和借鉴的,主要不是汉制,而是成吉思汗时期蒙古汗国的立国模式。

他是有意识这样做的。从辽到金,"不居其国,入处汉地,易世之后,渐成汉俗",几乎成为这片土地上各个民族发展的规律,结果是进入汉地之后的丧失自己。努尔哈赤决心避免重蹈覆辙,他设想以山海关以西、辽河以东"为各自国界",建立女真人的国家。他对汉人及汉文化所持的这种严加戒备的心理,是很耐人寻味的。

从另一方面说,蒙古与女真之间,在政治上、文化上以至血缘上,也确实有着千丝万缕的联系。在元朝,女真人曾处于蒙古族的政治控制和文化影响之下。元朝灭亡后,许多故元降将和遗民留居东北,与女真部落交错而居,互通婚姻。尤其是海西女真,由于所居地域接近蒙古诸部,与蒙古人的交往更为频繁。海西四部中最强盛的叶赫部,据清代官书《八旗满洲氏族通谱》记载,其先人就是蒙古人。努尔哈赤的六世祖猛哥帖木儿,从他所取的蒙古名字来看,也很像是

蒙古化的女真人。南迁后的海西、建州诸部，由于同蒙古一样受明朝的压迫，更是从感情上和地位上趋于一致。

明代女真人废弃了难以掌握的女真文字，转而习用蒙古文字。建州女真人曾对朝鲜官员说："用本卫之人，朝鲜文字虽或不知，蒙古书则多有知之者"。直到后金天命年间，女真人仍然只知蒙书，文牍往来，也都用蒙古文。努尔哈赤甚至曾向朝鲜人夸口说："我是蒙古遗种。"虽然这并非事实，却活画出他对蒙古文化倾慕的心态。在这一时期，大量的蒙古语词汇，尤其是有关牧业生产、生活的用语，例如马的毛色、特性、马具的名称等，进入了满语之中。

后金国设置"札尔固齐"，这原是蒙古国负责民事与司法的官员；还沿用台吉、巴克什、巴图鲁、达尔罕等蒙古尊号，重用通晓蒙古文化的额尔德尼、噶盖等人。后来流行于世的满文，就是他们奉努尔哈赤之命，在蒙古文字基础上加圈点创制而成的。

正在迅速集结的新的民族，需要有能够凌驾于众部落之上的众望所归的主宰。努尔哈赤从蒙古等草原民族的文化中，寻求到了适用于他的思想武器，那就是"天"的观念。在蒙古人的心目中，"天"是至高无上的，是万物的缔造者，这是世俗间出现统一的专制君主在人的信仰和观念中的曲折反映，是在文化落后、尚无文字的渔猎部落中所不存在的。

"天"的观念与后金社会的政治活动紧密地联系在一起。后金建国，以"天命"为年号，国都赫图阿拉，设有专门的祭天之所，每逢遇到重大事件，努尔哈赤一定要率领诸王与群臣向天拜祝。1593年，海西叶赫等部纠集了三路九部联军向后金大举进攻，努尔哈赤便在战前向天拜祝说："天地三光，万灵神祇，我与叶赫本无事故，今彼引兵攻我，惟天鉴察。"他祈求天让敌人在战斗中精神委靡，而自己的军队则斗志昂扬；祈求战士不丢弃武器，马不失蹄，这与成吉思汗每逢大战之前对天祈祷的内容乃至所用词汇如出一辙。这种做法，一直到入关后百余年的乾隆朝，在高宗平定大小金川、征准噶尔部等战役期间到天坛祭天时所作的诗句中，还屡屡可见。这与明朝皇帝祭天求雨保佑五谷丰登的做法，大异其趣。

努尔哈赤也像成吉思汗一样，一贯以奉天命行事自诩。1618年4月，他以明朝"害我祖父"、"卫助叶赫"等七条仇恨，号称"七大恨"为由，与当时十分强大的明朝公开决裂，这是他一生中最重大的决策之一。敢于迈出这一步，要具备非凡的勇气。努尔哈赤以"天命"、"天意"作为鼓舞和支持自己与部众的力量。他说，凡天下各国互相征伐，都是合天心者胜而存，逆天意者败而亡。他还强调，自己兴兵以后，正因为合乎天意，所以天就厌弃海西四部而助后金，现在明朝偏要扶助已被天所厌弃的叶赫，就是违抗天意，结果必然失败。这些说法，无疑为地处偏僻、相对弱小的女真人灌输了一种信念和力量。

努尔哈赤对明王朝乃至汉人怀有蕴蓄已久的怨怼，对汉族文化抱有一种近乎本能的敌视和排斥心理，但汉族的影响，还是渗入了后金政治和社会生活的方方面面。努尔哈赤曾从明朝要去瓦匠和画匠，招徕浙江刑名人员管理钱粮；他还任用被俘获的汉人文士龚正陆（原籍浙江会稽，客居辽东）为师傅，以万金之资供养他，让他掌管金、汉文书；又任用通晓金、汉两种语言的文人额尔德尼、达海、希福等人，令他们在书房掌管文事。

1621年3月，努尔哈赤率领八旗大军西进，一举攻占明朝辽东重镇辽阳和沈阳。作为明朝东北边区少数民族的女真人，从此进入了汉族地区。这标志着后金国的发展已进入了一个新的阶段，女真人与汉族人民愈加密切的接触，已成为不可抗拒的历史趋势。攻下辽阳之后，努尔哈赤下令释放狱中官民，设立游击八员、都司两员，以治理政事，这都是明朝的官名。从此，后金统治机构中的一些官职，就袭用了明朝官吏的名称。

叶赫部被后金攻灭之后，努尔哈赤发布了《檄明万历皇帝文》，目的是用历史上的兴亡之例，阐述他所谓的"合天心者胜而存，逆天意者败而亡"的道理。在他列举的19个例子中，有一些是金代女真的，但更多的还是汉族历史上的著名事例，如周幽王败于犬戎、刘邦以布衣起兵而得天下等，可见他对汉族历史已熟悉到可以随手拈来作为借鉴的程度。就在他死前不几天，还曾召集诸王大臣，谆谆告诫他们，说为国君者不得耽于安逸，每当"天"将降大任于某位君主时，必先让他备尝艰辛，使他即位后能够推己及人，体察民心，这正是南朝宋的国主刘裕与群臣谈话的内容。

汉族的封建伦理观念，也开始点点滴滴地渗透进了后金的社会中。这首先是来自于《三国演义》等汉族小说，进入辽沈后，也直接来自于归附了后金的汉人尤其是明朝降官。努尔哈赤曾宴集诸王大臣，要他们世世遵守孝悌之道，不可违逆。他还几次召集自己的女儿们，要她们安分守己，不准凌虐丈夫，不准败坏纲常，他对娶了汗女的众额驸（满语女婿之意）说："凡我的女儿不贤，你们一定要告诉我，罪当诛则诛，不当诛则废，我再另替你们娶别的女人。若是她们不贤而你们不告，是你们的错，要是你们告了而我不管，是我的错。"对自己女儿尚且知道用封建纲常约束，对其他妇女也就可想而知了。

不过，在这一时期，作为战胜者的女真人，与辽东一带汉人间的关系，还是以敌视、冲突和战争为主的。努尔哈赤为了安插本族人民，强迫汉人大举迁徙，又规定女真人要与汉人同住、同食、同耕，实际上是纵容女真人强占汉人房产，夺取汉人粮食，强迫汉人为他们耕田，具有明显的民族压迫性质。这一切激起了汉人强烈的反抗，对此，努尔哈赤予以毫不留情的血腥镇压，刀锋所向，首先就是读书人。这就导致了努尔哈赤晚年阶级矛盾、民族矛盾的日益激化，使后金的经济遭受空前的破坏，政权陷入严重的危机。后金国进入经济文化远比自己发达的汉区以后，应该沿着什么方向走下去，应该如何处理满汉间的民族关系，已成为关系这个政权生死存亡的关键。

3 建国方向的转变

努尔哈赤的继任者清太宗皇太极,是一个胸怀大志并善于审时度势的统治者。他与努尔哈赤统治的最大区别,就是看清了向汉族学习是大势所趋,从而扭转了其父以蒙古模式立国的方向。他在位不到20年的时间里,后金——满社会经历了急剧的封建化过程,这一过程,实际上也就是向汉族政治、文化学习和看齐的过程,带领满族人民成功地走过了这个过程的皇太极,终于为自己的国家奠定了问鼎中原、统治全国的雄厚实力。

与戎马一生的父辈相比,皇太极这一代的女真子弟,毕竟有了读书和受教育的优越条件。据说,努尔哈赤曾为子侄们聘请了汉人教习,对他们进行正规严格的汉族封建文化教育,其中最勤奋好学的,就是皇太极。当时有朝鲜人说,他是这帮子侄中唯一一个能读书写字的。皇太极熟悉汉族历史典故,也非常注意研究金朝祖先的经验和教训。他承继汗位登上最高统治者的宝座时,已具备了他的前辈所不具有的政治眼光和抱负,后金国从此开始了至关重要的转变。

转变涉及的内容是多方面的,总的纲领是从原先依照蒙古立国模式,转而听取汉人文士的建议,叫做"参汉酌金"。规律是人的意志难以改变的。皇太极对中原那片土地的魅力无法抵御,他实在不甘心永远偏处辽东一隅。取明而代之的野心,使他除了入主中原这条道路之外别无选择。

后金开始模仿汉制，建立起一套比较完整的封建主义中央集权的统治制度。天聪三年（1629年），也就是皇太极继承汗位的第三年，后金设立了文馆。文馆中的儒臣分为两班：一班以达海、刚林等人为首，负责翻译汉文书籍；另一班成员有库尔缠、吴巴什等，负责记录本朝政事。

达海，官职为"巴克什"（蒙古语的教师之意）。达海9岁起读汉书，通晓满、汉文义，自努尔哈赤时起，凡是后金与朝鲜和明朝的往来文件，都是出自他的手笔。皇太极时期的官书称赞他"佐太祖（即努尔哈赤）一代文明之治"，指的就是他用满文译述汉文典籍之事。

达海翻译了大量汉文典籍，到天聪六年（1632年）七月38岁盛年时死去，但所译出的和尚未译完的书已经有《明会典》的刑部卷、《武经》（包括《黄石公素书》、《黄石公三略》和《六韬》）、《孟子》、《三国志》（其实是《三国演义》）、《大乘经》和《万宝全书》等。在他所译的书中，居首位的是兵书，这当然与后金以弧矢打天下的特征有关；其次是史书，也有经书，以说理的为主。此外也有供消遣的，如《万宝全书》就是明末人所编的一部故事笑话集。这些书中影响最大的，则是《三国演义》，它对初兴时期的满族吸收汉族历史知识和军事战略，起到了行动指南的作用。

达海最大的功绩，是天聪六年（1632年）三月在皇太极的授意下，创制了新满文。进入辽沈平原汉族聚居的地区以后，后金的社会生活日益丰富，与汉族、蒙古族之间的文字交往不仅成为必要，而且日益增多，老满文在时间、空间上的局限性便日益显露出来。达海将太祖时额尔德尼等人创制的老满文加以圈点，以区别读音，并创制了12字头及记外字的符号，这就是新满文。为解决拼写汉语借词的问题，新满文专门增加了"特定字母"和"切音"字母，使汉文典籍的翻译工作获得更大便利。新满文的创制与运用，是满文发展过程中的一次重大变化。尽管达海不久即辞世，翻译工作却仍然顺利进行，甚至那些目不识丁的八旗兵丁们，也通过丰富生动的汉族历史故事，多少接触并熟悉了汉族文化和汉族封建社会的世界观。

文馆中，另一些巴克什的职责是修史。早在努尔哈赤时期，已开始仿效明朝编纂实录，天聪六年（1632年）十一月，又有汉族秀才杨方兴奏请皇太极编修国史，用满、汉两种文字书写，使金人、汉人都知道先汗创业的艰难和当今皇上继承汗业的苦劳，千秋万世，只要一开卷便朗然在目，谁也不敢埋没。在皇太极的倡导下，《满文老档》、《清太祖武皇帝实录》、《崇德会典》等一批非常富于史料价值的文献终于问世了。它们记载了这个民族从初兴到强盛的历程，虽不免歌功颂德之嫌，毕竟成为如今人们了解清朝开国历史的主要依据，也是满族的一份无比珍贵的历史文化遗产。

文馆吸引了大批有真知灼见的汉族知识分子，使他们成为皇太极必不可少的智囊团成员，也成为后金统治阶级的重要组成部分。其中最重要的人物是范文程和宁完我。

范文程，明朝兵部尚书范锪的曾孙。祖父范沈，曾任明沈阳卫指挥同知。范文程跟随父亲范楠居住于抚顺，在努尔哈赤攻陷抚顺时归附。宁完我，辽阳人，被俘于努尔哈赤攻占辽沈之时。二人先后被皇太极召入文馆供职之后，极力用汉族的儒家观念与文化改造皇太极，在仿照明制，改订中枢官制的过程中，起了关键作用。宁完我建议皇太极以历代帝王为师，以汉族典籍为鉴，励精图治，锐意兴革，以达到儒家"修身齐家治国平天下"的境界，这些建议，都被皇太极一一采纳。

1636年，是后金历史发生重大转折的一年，皇太极建立清国，正式称帝，改年号为崇德，并于1635年定族号为满洲，废除了诸申（女真）旧号。就在这一年，皇太极把文馆改为内国史、内秘书、内弘文三院，加上于1631年仿明中央官制而设的吏、户、礼、兵、刑、工六部，以及都察院、理藩院，合称"八衙门"，构成了清国封建政权的统治中枢。其中内三院各设大学士，参与机要，成为皇帝的参谋和助手。范文程被拜为内秘书院大学士，加授二等甲喇章京。皇太极称之为范章京，对其言听计从，经常将其召入宫中议事，二人一坐就是几个时辰。而宁完我在清朝入关后的顺治十年（1653年）被皇帝特许一切待遇均照满洲大学士给予，第二年又给予满洲议政大臣的资格，所占官缺也是满缺,俨然是满洲亲贵中的成员。

皇太极还以开科取士的方式,极力网罗各方面的汉族人才。1629年8月,皇太极颁谕,说自古国家都是文武并用,以武力平定战乱,以文教佐治太平。朕如今要兴文教,通过考试选拔生员,诸贝勒府下及满、汉、蒙古家人俘奴中的文士俱可赴考,家主不得阻挠,考中的由朝廷另偿别丁给予家主。结果,当年因惧怕努尔哈赤屠杀而隐匿起来的300多名汉族文士纷纷出来应试,被取中者200人,其中凡是奴仆身份的,一律被拔出,充实到文馆等各种机构中。此后,皇太极又通过考试和荐举等方式搜罗了大批人才,也都一一量才擢用,这种做法,一直坚持到他去世。

努尔哈赤在世时,就曾让达海等人翻译《明会典》以作为执政的借鉴,但没有译完。1633年,宁完我向皇太极建议"参汉酌金,用心筹思,就今日规模,立个金典出来",成为后金国立法也是立国的原则。待皇太极1636年建号称帝后,就根据这个原则颁定了有52项条文的《登基议定会典》,也就是如今所知的《崇德会典》。其中,有对各级贵族、平民有关丧葬、服饰、礼仪各方面的规定,反映了满族社会等级制度正在形成。还有对跳神还愿等迷信活动以及婚嫁旧俗的禁令。这些条文内容颇为复杂,有些是企图将满族风俗制度强加于汉人的,但总的精神,则是宁完我所说的"务使去因循之习,渐就中国之制"。宁完我还强调"必如此,庶日后得了蛮子(指明朝)地方,不至手忙脚乱"(《天聪朝臣工奏议》卷中)。

 4 民族关系的缓和

皇太极不再对汉人采取血腥镇压和仇杀的做法，他把统治区内的汉、蒙各族人民都一概视为自己的子民，带来了满、汉间民族关系的重要转变。

1635年，皇太极把族号定为满洲，标志着这个新的民族共同体的正式形成。它以建州、海西女真人为核心，融合和吸收了汉族、蒙古族以及东北地区各少数民族与部落的成员。可以说，满族同时将辽东各民族的各种文化集于一身，也是它能够迅速强大，并且在入关后能够迅速适应汉族地区各种制度与文化的原因。

东北地区历来是各民族纵横往来之地，明朝以来，更出现了大规模的、频繁的人口迁徙。早在努尔哈赤进入辽沈之前，已有大量女真人迁入辽东地区，其中最集中的是辽阳和开原。洪武年间，明政府在辽阳设置东宁卫，专门安置迁到此地的高丽人和女真人，到正统年间（1436～1449年），被安置于此的女真人已数以千计。开原是当时通向海西女真各部的要道，也是女真人内迁的定居点。明在开原设安乐、自在二州，专门用来安置女真人。此外，还有一些女真人到汉人家中当佣工，建州女真部的首领王杲就曾当过汉人的雇工。海西女真败亡后，也有大量部民投奔了汉区。

后金于1621年攻占辽沈，满汉间的人口交流得以在更大范围内进行。努尔哈赤将大批女真人从东部山

林源源不断地迁到辽东盛产五谷的广阔原野，并两次把辽东汉人迁到女真人居住的边外榛林草莽之乡，迫使汉人数十万、上百万地向关内逃亡。与此同时，努尔哈赤还多次到黑龙江及其以北地区收服或掳掠野人女真的部民。这是辽东一带人民惨遭战乱、流离失所的时期，其中的流血和痛苦难以叙记，但历史事实却证明，民族间的融合与交流，更多地就是以这种血腥的、野蛮的方式，而不是以和平的方式为前提的。

皇太极一反其父之道，实行招徕汉人的政策，极力强调"满汉人民，均属一体"，强调"归附的民人，即我民人"。在他统治时期，逃往海岛或流往关内的汉人纷纷返回辽东，部分明朝降清的将领，又带来大批汉族士兵。皇太极还几次入关，劫掠了大批汉族人口。据他称，掳掠财帛虽多，但是不足喜，只有多得人口才可喜。可见他的入关劫掠，主要目的就是抢人。皇太极时期，辽东汉族人口激增，大大壮大了清国的实力。

汉族与女真等少数民族长期交错而居，早已"迫近胡俗"，皇太极即位后，进而对他们采取了强制满化的措施。他认为非如此不能使汉人臣服。清国强迫辽东地区的汉人剃发，规定汉人无论官民男女，穿戴一律要遵照满人服式。在崇德三年（1638年）七月的一道上谕中，皇太极极其严厉地指出，凡是仿效"异国"的服饰，束发裹足的人，就是身在大清而心在异国。这里所说的异国，显而易见是指明国。束发是当时汉人流行的发式，裹足当是汉族妇女中流行的缠足。皇太极说，从今以后，谁若胆敢束发，就剥下他的头皮，再把他杀掉；谁胆敢裹足，就剁下脚再杀死。这可以说是入关后"留发不留头，留头不留发"的先声了。

皇太极还下令将国中官吏和城邑的名称一律改成满语，例如，从努尔哈赤起就沿用下来的总兵官、副将、参将、游击、备御等明朝官名，都被改为昂邦章京、梅勒章京、甲喇章京和拨什库等。沈阳城被改称为天眷盛京，赫图阿拉称为天眷兴京。规定从此以后，不准人们再用汉人的旧名，如不遵守这个规定，就是不遵国法，若查出，决不宽恕。

综观清代历史，辽东汉人在清朝国家中始终是身分地位不同于其他汉人的颇为特殊的人群。长期与女真—满族人民的密切交往，使他们不像关内汉人那样一味将满人视为"蛮夷"，在心理和文化上存在那么深刻的隔阂与矛盾。清朝统治者强制满化的措施，更使他们与满人在风俗、文化各方面都开始接近，而其中满化程度最深的，是被纳入八旗组织之内的那部分汉人。

首先是汉军旗人。1629年，皇太极利用明军善用火炮的特点，将陆续俘获的明军官兵和一些汉人壮丁组织起来编成一军，专司火炮，由汉人额驸佟养性和建州女真后裔石廷柱、明朝降将马光远等人管理，这就是最早编设的汉军。1633年7月，皇太极又命八旗满洲各户，凡有汉人10丁者，授绵甲一付，共得1580户，以旧汉军马光远等统率，正式另编汉军为一旗，其编制与八旗满洲编制相同。1637年7月，增编汉军为二旗，1639年，增编为四旗，直到崇德七年（1642年），当清军取得对明作战有决定性意义的松锦大捷之后，皇太极才终于"命编汉军为八旗"。前后历时11年，八旗汉军才正式成立。

八旗汉军的建立，标志着八旗组织体系的最终构成，也表明了汉人在满族社会中实力的不断增强。这里要提到的是，八旗制度中的三个组成部分即八旗满洲、八旗蒙古和八旗汉军，并不是彼此独立的三类不同族别的组织，相反，八旗汉军建立之后，他们的旗主即"固山额真"虽都由汉人担任，却仍然与他们管下的人丁一道，隶属于八旗满洲贝勒。他们与八旗满洲人丁同样受八旗制度束缚，同样被称为旗人，长期的杂居共处、共同的劳动生活，使他们开始形成日益接近的心理状态。

其次，八旗组织的成分一直是复杂的，汉人也并没有完全集中在八旗汉军之内。史书上明文记载，努尔哈赤创建八旗的时候，就曾把归附于他们的一些汉人纳于旗下。在皇太极设立八旗汉军时，这些汉人大多并没有从原来的满洲旗分析出。作为八旗满洲的成员，他们的满化程度比汉军旗人更甚，这里可举几个突出的例子：

洛翰，又称劳翰，原姓刘，建旗后隶属于镶红旗下，为保卫努尔哈赤曾徒手迎敌，四指被削，努尔哈赤为他赐姓觉罗。刘自此掩其汉姓，随从满俗，代代称名而不举姓，这是因有殊功而随满俗的例子。

王国左，一称王国祚，义州人，天命七年归顺后金，替后金看守边台，为"台尼堪"。"台尼堪"是满语，指看守边台的汉人，任务是警戒、传递情报，在与明军的对峙中，起着不可忽视的作用。充当台尼堪的，大多是辽东地方的汉人，很多人可能是由明军的守台军士投降过来的，他们与后金的满洲旗丁一起守台，有人甚至就以台为姓了。努尔哈赤时期的台尼堪，大多被直接编入满洲旗下，成为后人所说的"陈（老、旧之意）汉军"的一部分。他们是满族统治者最信任的一批汉人，顺治至康熙时，他们都被"抬"入了八旗满洲的上三旗，无论从政治待遇，还是从语言、姓氏，都看不出他们与满人有什么区别了。王国左的后代姓桂，不仅姓满族姓氏，而且历康、雍、乾三朝，从钦天监博士直做到兵部尚书、吏部尚书，所补均为满缺，如果不去细查档案，谁也不会想到他们的先祖是台尼堪，是汉人。

满族统治者对所属的部众划出严格的等级，给予不同的政治地位和经济待遇。这一等级的根据，往往是归附先后的不同，对汉人就是如此。皇太极统治前半期（即天聪年间）归附清朝的台尼堪，一般就不再纳入满洲旗下，而是被编入包衣了。

"包衣"往往被人视为奴仆，但"包衣"其实与一般意义上的奴仆还有区别，应该理解为"家人"。清人关前与明朝进行了长达几十年的战争，俘虏了大批人口，仅天聪九年（1635年）到崇德八年（1643年）的4次战争中，就俘虏汉族人口20万~30万人，他们中大部分很可能被分配给满洲王公、贝勒以及各佐领下的官兵为奴，其中很多人就生活在满洲之家，服务于内庭，与满人朝夕相处。清人笔记中称，满人所掠汉人子女，年幼的能讲纯熟的满语，简直与满人无别，生活习惯上，自然也日益接近。

清军入关后的顺治元年（1644年），清廷曾从皇帝亲自统率的镶黄、正黄、正白三旗（也就是"上三旗"）的包衣中，挑选人丁组成了内务府三旗，他们与八旗是完全不同的两个独立的组织体系。内务府旗人虽然身份地位较低，但由于是皇帝的家奴并受信任，所以既富且贵，有的还有很大权势。这些包衣，绝大多数都是清朝入关前归顺满洲的辽东人，有汉人，也有高丽人，其中最著名的是《红楼梦》作者曹雪芹的祖上。曹家原居辽阳，后迁居沈阳。据专家考证，其高祖曹锡远于1619年前后为后金所俘，纳入正白旗充当包衣，入关之后隶属内务府正白旗包衣第五参领第三佐领。从此世代高官，其曾祖曹寅，曾外任江宁织造这一肥差。家中锦衣玉食，备极一时之盛，以至不少人误以为他们就是满洲的亲贵。

满、汉民族间交流的另一个重要途径是通婚。清朝统治者通过与蒙古联姻来结好蒙古的王公贵族，已是众所周知。在入关前，清朝统治者也以同样的手段，来拉拢汉族的降将降官。在努尔哈赤时期，这种做法不过是氏族制遗留下的旧例，将族女嫁与某人，意味着已将某人视为本族收养的成员。其中著名的例子，如最早的汉军统领佟养性，原来是抚顺的一个富豪，他曾因为暗中与建州女真进行贸易，被明廷拘捕下狱，后来越狱投奔了努尔哈赤。1618年，后金攻陷抚顺，因他做向导有功，努尔哈赤把宗亲之女嫁给他，称他为"石乌里额驸"。皇太极在位时，又将贝勒岳托之女嫁给他。再如李永芳，原是明朝抚顺城的守将，在后金攻打抚顺时投降，努尔哈赤将第七子阿巴泰之女嫁给他。皇太极即位以后，为招徕汉人官将，甚至命令满洲官员将女儿"门当户对"地许配给汉官为妻，如牛录章京的女儿给汉备御为妻，一等梅勒章京的女儿给汉参将为妻等。崇德三年（1638年），明总兵官沈志祥投奔清国，皇太极下令每4个牛录章京（即后来所称的佐领，为八旗的基层单位）出牛1头、妇女2口，八家各出妇女10口，共405口，牛200头，加上妓女66口，自皮岛携来的妇女4口，大凌河已故苏巴之妻5口，共妇女480口，赏给沈志祥属下的200户官兵。这些妇女可能大部分都是汉人，但既然也从八旗各牛录中抽取，就不能排除也有不少满人。可见，在入关之前，上至宗室王公之女，下至一般旗女，都有不少人被嫁给了汉族官兵。

从史料记载推断，嫁与八旗官兵的汉族妇女，人数肯定要远远超过嫁给汉人的满族妇女。如果说将旗女嫁与汉人是出于笼络汉人降将的政治考虑的话，那么，从汉地掳掠妇女为妻，则是女真各部落相沿已久的"习俗"了。随着清国军事力量的日益增强，被俘获的汉族妇女也越来越多。从皇太极称帝后的崇德年间看，数量较大的几次就有：二年四月征皮岛，俘获妇女儿童3116口；四年二月征明，获男妇儿童共20

余万；七年二月攻松山，获妇女儿童1249口；四月攻塔山，又获妇女儿童4262口等。对所俘获的妇女，满族统治者通常的做法是，从中选取有姿色的送与朝廷，其余的则分赏八旗兵丁。如崇德七年攻塔山所获妇女，按照皇太极谕令，即将"上等汉人妇女"40口送到盛京，其余的，攻城有功的章京等官各赏妇女1口，剩下的散给攻城有功的兵丁。清廷曾规定，八旗兵丁凡无妻子和耕牛的，可以向所管官员申诉，立册登记，战后从掳获中分给，可见这些妇女中有相当数量是嫁与八旗兵丁为妻。这种于战争中抢掠妇女分配给旗人为妻的做法，一直到入关几十年后的康熙朝，在平定三藩之乱的战争中还大量存在。

通婚导致民族间血缘、文化的密切交融，尽管采取的是上述那种野蛮的践踏妇女尊严的方式，其作用也是不可小视的。

这些辽东汉人，即使是进入清朝统治集团的，以及被收入满洲旗下的人，地位与满人也并不是平等的，清廷往往对他们怀有很深的疑虑并对其严加戒备。那些被俘到满人家庭内充当包衣的汉人，处境就更加悲惨。他们的满化是被动的、迫不得已的，其间充满了尖锐的冲突和斗争。满、汉间的民族交融，此后还需经历相当长的历程，在辽东的这段时期，还只是开始。

 **效法汉俗的第一步**

皇太极对于金代的女真人以及鲜卑、契丹等民族

效法汉制，最后淹没于汉族汪洋大海之中的历史，与他的父亲努尔哈赤一样，时刻铭记于心。他希望将效法汉制限制在一个尽可能小的范围之内，具体地说，就是在国家政权模仿汉族封建模式、统治者汲取汉族尤其是儒家的治国经验的同时，满族社会能保持自己的特色不变。这个特色，他认为是指满族能征善战的传统，因为这个传统，正是满族立国的根本。

皇太极以金世宗完颜雍所提倡的"衣服语言，悉遵旧制；时时练习骑射，以备武功"作为处理这一问题的准则。他曾对诸王大臣们说："过去，文臣达海和库尔缠曾屡次劝朕放弃满族衣冠，仿效汉人的服饰制度，朕不从，就认为是朕不纳谏。朕给你们作个比喻，譬如咱们在这里聚会，个个都像汉人那样宽袍大袖，左佩箭，右挟弓，忽然有个猛士挺身突入，咱们怎么防御他呢？如果废弃骑射，都穿起宽衣大袖的服装来，那不是等着让人宰割么？就好像放着右手不用偏要用左手一样。朕说这番话，实在是为子孙万代考虑啊，至少从朕来说，是决不能变更的。朕常常担忧的，就是日后子孙会遗忘满族旧制，荒废骑射而效法汉俗啊。"

皇太极是明智的，在保持八旗尚武传统的同时，他并不拒绝让本族人民学习汉族文明的、优秀的东西。在与明朝日益频繁的交往中，他痛感满族文化水平、文明程度与汉族相差悬殊，深知抛弃自己民族一切落后习俗向先进文明看齐的急迫性。

清兵入关掳掠时，曾发生因驻守永平的贝勒失于救援、丢弃滦州，导致永平、遵化、迁安等城相继失守一事。皇太极对此感触甚深，认为这种事件的发生，都是因为自己本族人不曾读书，不明道理所致，而当清军围困大凌河城时，守城明军坚持死守4个多月，到人皆相食的地步仍不投降。大凌河城陷后，明军又死守锦州、松山、杏山等城，皇太极认为，这正是由于明人读书明理，知道要为朝廷效忠的缘故。他认识到了向属民进行"忠君亲上"的教育，是维持自己统治必不可少的措施。从此，对八旗子弟的教育问题倍加重视，下令凡满、汉官员，但有子弟在8～15岁的，俱要报名读书，不准姑息纵容。如果有人因溺爱子弟不让其读书，父兄也不要披甲出征，就和子弟一道在家闲处好了。须知，入关前八旗兵丁的披甲出征不仅是一种荣誉，更是升官发财的主要途径，不准出征的惩罚不可谓不重。

令旗人子弟读书，也要有具体措施。皇太极的谕令发布后，就有汉人胡贡明上奏，说皇上让满、汉之人都要读书，真是非常英明，可是满人没有读书的习惯，把读书这样极好的事，反看做极苦的事，多有不愿。要是再让他们自己请师教子，就益发不愿。再说他们又懂多少尊师重教的道理呢？倒不如于八旗各立官学，凡有子弟的，都要入学读书，让他们找不到借口才是。胡贡明还建议通过考试，选拔一批有才学可为子弟训导、有德行可为子弟榜样的人作为教师，由国家供给衣食，让他们免除后顾之忧，然后再对他们待之以礼，让他们有教师的尊严。这样过上几年，人人知书达礼，清国就会成为"郁郁乎文哉"的礼仪之邦了。皇太极接受了他的建议，这是八旗建立官学的开始。

在与明国、朝鲜乃至蒙古的交往中，皇太极越来越以自身宗教和习俗的某些落后和不文明为耻，对此他采取了两项措施，对其中至为野蛮的陋习，加以极其严厉的打击，对另外的一些内容则尽力加以修改。如对满族固有的宗教、祭祀内容，他就从形式上竭力粉饰，让它们能够被纳入封建国家的"大礼"，而登上大雅之堂。

在皇太极看来，旧习中最丑陋的，莫过于"收继婚"了。"收继婚"在女真人中曾盛行一时，朝鲜人形容他们是"婚嫁则不择族类，父死而子妻其母"，这里所谓的母，是指继母而不是生母。在氏族社会晚期，这是两个互为婚姻的集团在一方有人亡故的情况下，为使二者间的关系得以延续，而经常采用的一种手段，后来又注入了使家族财产不致外流的内容。明末清初，明人和朝鲜人经常以此作为嘲弄、指摘女真人野蛮的例子，因为按照汉族的封建伦理观念，这就属于"乱伦"，是颇为人所不齿的。

天聪六年（1632年），皇太极下令，从今以后，凡人不许娶庶母及族中伯母、婶母、嫂子、媳妇为妻。他还解释说，汉人、朝鲜人因为懂道理，不娶族中妇女为妻。人既然生而为人，如果娶族中妇女，那与禽兽还有什么区别！几年以后，在《崇德会典》中，皇太极再次规定，女人丧夫之后，或者改嫁，或者守寡，均无不可，只是不准族中相娶，违者与奸淫一例问罪。

限制妻妾为丈夫殉死的谕令，也是在天聪年间颁发的。1634年2月，皇太极下谕，如果是丈夫的爱妻，在丈夫死后甘愿从死，应受众人赞许，如果不是这样，自己不死，却逼迫妾或者婢女替自己殉夫，就要将妻判处死罪。从后来的情况看，无论是收继婚，还是人殉，在满族社会都未绝迹，但在皇太极的严厉打击下，确实是日渐减少了。

在皇太极建号称帝、改元崇德以后，又开始了打击、限制萨满教的活动。

准确地说，萨满教并不是一种宗教，而不过是流传在西伯利亚和我国东北那些尚处于氏族社会晚期部落中的一种信仰，它的核心内容，是对祖先的崇拜。这种信仰在女真各部落盛行一时，满族一些流传到近代的习俗，如祭神竿、祭佛陀妈妈，家家设立"祖宗板"，以及萨满跳神所用神鼓、腰铃等，就都是萨满信仰的遗物。据说，努尔哈赤对萨满的态度是相当虔信的，他家中供奉"渥辙库"（即家内神），常常在其前设誓祝祷。皇太极也曾说："所谓萨满书牒者，早有考究，而今荒疏矣"，表明他早年对萨满教也是精熟并信奉的。

努尔哈赤建国后，这一固有的与渔猎经济及氏族社会发展阶段相适应的萨满信仰，已不能满足急剧变革的社会需要，更无法抵御逐渐渗入满族社会的儒家学说、佛学以及蒙古的藏传佛教的影响，于是便很快衰落下去。但是由国家出面立法限制萨满信仰，则是从皇太极开始的。崇德元年（1636年）他下令：凡人祭神还愿、娶妻、死人上坟，杀死货卖，宰杀牛马骡驴，永革不许。同时规定，满洲、蒙古、汉人端公道士，永不许与人家跳神拿邪、妄言祸福、蛊惑人心，胆敢违抗者处死。

跳神、拿邪、杀牛马等牲畜祭祀，都是萨满教的内容。从不遵守者处死这一命令来看，皇太极的态度是颇为坚决的。除了从政治、文化等角度考虑之外，此举也有提倡节俭、反对靡费的经济上的原因。皇太极感叹说，汉人、蒙古因为善于饲养牲畜，所以牲畜繁多，我国则宰杀太过。他感到将过多的牲畜宰杀掉用于祭祀是太大的浪费，所以提倡国人学习汉人的烧纸钱上坟。他自己也身体力行，在正月初一到堂子祭祀时，就率领诸王大臣，对天烧纸钱，行三跪九叩头之礼。但是，萨满教的信仰和礼仪，毕竟是根基最深、渗透力最强的，强调保持本民族传统的皇太极虽不愿，也不可能对萨满教予以彻底取缔。宫廷内的萨满祭祀活动一直未曾停止，沈阳的清宁宫至今保存有皇太极祭天所用的神竿，只是宫廷中的一套祭祀内容已经被加以改造，再不是努尔哈赤时期那种淳朴的带有原始色彩的信仰了。

满族此后的宗教信仰，经历了不同于蒙古等民族的路程，蒙古的萨满教为藏传佛教所取代，满族的宗教信仰却逐渐为汉族的儒家观念和民间流行的各种神教、巫术等濡化，失去了宗教体系的完整性。从这点来看，它与汉族已非常接近。

耐人寻味的是，皇太极有关禁止收继婚、人殉乃至限制萨满教活动的一系列诏令，入关之后被一概从官方史籍中删除，满族统治者显然极其不愿人们看到他们从野蛮中辗转走向文明时所留下的历史印痕。

无论如何疑虑重重，新兴的满族毕竟在汉化也就是封建化的道路上跨出了具有关键性的第一步。这个剽悍却不失理智的民族从起步时起，就为后人留下了一个尖锐的问题：如何在学习他人的同时不失掉自己？皇太极处理这个问题的水平已堪称英明，他抓住了满族的能征善战，作为自己民族优良传统的核心，极力提倡并采取各种措施加以保持，同时，他有勇气学习汉族一切比自己进步的制度和文化，革除本族的陋习。他在位期间，八旗武力日趋精锐，社会文明程度迅速提高，清朝国力蒸蒸日上，表现出一个初兴民族的勃勃生机。这一切证明了皇太极把握历史时机的成功，也为满族日后的发展打下了良好的基础。

当然，任何事物都会有另一面，到皇太极模仿汉族制度建立自己新兴国家的时候，汉族的封建文明虽然远远先进于满族，但却早已不是当时世界上最优秀、最先进的文明了，它正在不可挽回地走向衰退和腐败。满族遵循的，却仍然是中国北方少数民族政权学习汉族的古老定式，而没能接触到当时正以不可阻挡之势兴起于西方的资本主义文明。从这点来看，满族以极大的勇气和非凡的见识，却将自己束缚进一个从世界范围来看已经落后的模式中，这是满族的不幸，也是整个中华民族的不幸。

二 "满汉一家"与"国语骑射"

1644年,满洲举族入关,夺取农民军的胜利果实建立了清王朝,成为继蒙古之后第二个建立全国性封建王朝的少数民族。满族的发展,从此进入了新的阶段。

清军入关,势如破竹,但此后为稳定政权所进行的斗争,却异常艰苦。对于已经有几千年文明史,一向将周边少数民族视为"蛮夷"的汉族来说,改朝换代固然无法避免,沦为"蛮夷"的属民却难以接受。因而他们采取的各种形式的反抗十分激烈,这期间除了有不甘屈从于外族统治的民族自尊之外,也存在着文化上深刻的隔阂与偏见。而如何统治和管理这一封建经济高度发展的汉族地区,则是满族统治者面临的新课题。是按照满族的传统制度,还是按照汉族的制度来建立统治,在满族内部展开了激烈的争议,并一度演化为不同集团间的相互倾轧。清朝的统治,就在内部和外部如此激烈尖锐的冲突中摇摆了几十年。

几乎所有入主中原的少数民族政权,都曾经历过这样的危机，但只有清朝统治者能够在全国范围内渡过这个危机，并将中国的封建社会推向了最后一个高峰——康乾盛世。其中的关键，就在于它成功地采用了一整套的汉族封建统治制度，迅速完成了从封建农奴制向封建地主制的转变。这一方向确立于康熙朝，乾隆以后，满族社会的各方面，就已基本与汉族同步了。

 最初的较量

清军入关后的顺治朝，带有摇摆不定的特点，主张效法汉俗的多尔衮系与主张守旧的济尔哈朗系之间，一直在不断进行激烈的斗争，表现在政策上，就是常有相互牴牾之处。作为征服者，清朝的统治者以"首崇满洲"为原则，采取了一系列民族压迫措施，其中最让汉族人民反感的，莫过于将曾在辽东实行过的强制汉人满化政策推行到关内。顺治二年，清廷在全国范围内强制推行剃发令，将其提到服从者为归顺之民，违逆者为叛逆之冠的高度，政策之严厉急迫，毫无缓和余地，引起汉族人民的殊死抵抗。与此同时，清廷还下令让汉族官民俱服满族服饰，不许用汉制衣服冠巾。据外国的目击者形容，广大汉族人民为保护他们的头发和服装，表现出极大的悲愤和勇气。他们宁愿掉脑袋也不肯遵从满洲风俗。江南一带城乡的汉族人民对清廷进行的顽强反抗，大多就是因剃发令而引起的。头发固然是被迫剃掉了，服饰的改变却经历了更

长的时间,直到顺治十三年(1656年),据地方官奏称,浙江一带地方,衣冠仍不遵定制,百姓、士子、商人,都不避讳明朝衣冠。为此,清廷在两年中连下《谕饬衣冠服式》、《再谕剃发服制》两道谕令,严饬更改。围绕发式、服装这类看似微不足道的小事,满族统治者与汉族官民之间所进行的殊死斗争,成为清初十分独特的现象。

但是,以多尔衮为首的一派满洲贵族,在与守旧派的不断斗争中,也实行了诸多较为顺应历史潮流、有利于维持满族在汉地统治的做法,为日后清朝统治在中原的稳定打下了基础。

首先是竭力向汉族人民表明,清王朝是明王朝的直接继承者。多尔衮宣称,清军入关的矛头所向是李自成的农民军,宣称自己的目标是为被推翻的明朝遗民"复君父仇"。他礼葬明朝崇祯帝后,并为其修造陵墓,令官民服丧三日,从名分上先占据了主动,并进而争取到一批肯于为清出力的明朝降官。

多尔衮入京后就派官去祭奠孔子,1644年10月,顺治帝在北京称帝的第二天,又以孔子的65代孙孔允植袭封衍圣公。顺治二年(1645年),将孔子定号为"大成至圣文宣先师",多尔衮亲自前往孔庙致祭。翌年,清廷又下令修复在盛京(即今沈阳)的孔庙。清廷还在京师仿依明制建立太学,广收生徒入太学读书。顺治帝曾亲至太学行"临雍"礼,听讲儒家的经典,还将孔子及以下颜曾孟仲五代子孙中的15人送入国子监读书,称为"圣裔监生"。终清一世,满族统治者对孔子表示出的优礼与尊崇的程度，比起历代汉族封建王朝有过之而无不及。

建于京城西部的历代帝王庙，是祭祀前代开国帝王的场所。明朝在此列入了元世祖忽必烈，却未列入辽金两代皇帝。1645年3月，多尔衮命户部尚书英额尔岱代表清帝祭祀历代帝王，增加了辽太祖、金太祖、金世宗和元世祖，并将明太祖也迁入历代帝王庙。其意，一是向汉族官民表明自己是明朝的直接继承者，继承的是历代王朝的正统；二是表明正统的帝王并非只有汉族。其中特别将金世宗列祀，是别有深意的，因为从皇太极以来，就不断有汉族降官劝说满族统治者效法金世宗实行汉俗。

继承明朝正统并非一句空言，新建立的清朝政权处处效法明朝制度。顺治三年（1646年）正月，清廷编译《明洪武宝训》一书，用满、汉两种文字刊刻颁行，篇首有顺治帝所作的序。十一年，大学士宁完我又进明朝的《洪武大诰》三册，由人翻译后进呈皇帝阅览。年轻的顺治帝曾对臣子发表议论，说自汉朝以下的历代皇帝中，最贤能的莫过于洪武帝，即明开国皇帝朱元璋，说洪武所定条例章程之规划周详，是其他朝代所无法企及的，于是"清沿明制"成为清朝一代制度的特征。清廷将自己原有的衣冠之制、祭天祭庙之例和礼制加以增删，使之与明制相符合。从此，冬至之日到天坛祭天，夏至之日到地坛祭地，中秋遣大臣祭祀城隍等汉族特有的祭祀，就与满族的祭堂子、祭佛陀等一道，成为清皇室并行不悖的两套必行的礼仪。

上述这些举动，最初也许只是满族统治者为笼络汉人而作出的某种姿态，但就是在这个过程中，他们自觉不自觉地被汉族的文化所浸染，而终于进入了角色。

汉族大臣在这里起了相当关键的作用，他们从一开始，就极力用汉族封建帝王的形象来塑造满洲皇帝，这至少可以使他们自己更像封建朝廷中的大臣，而不是野蛮部落的谋士。顺治入关的第二年，汉族大学士冯铨和洪承畴就向皇帝提出建议，说过去金世宗、元太祖进入中原以后，都博览典籍，勤于文学，所以他们的文治武功至今为人称颂不衰。如今皇上对满书俱已熟习，但帝王的统治之道，都在六经之中，必须习汉文，晓汉语，才能了解和运用。建议皇帝选择满汉大臣，每天朝夕进讲汉族的儒家经典，这就是所谓的"经筵日讲"。此后便不断有汉族大臣提出这一建议，而且强调得十分急迫："日讲之官，不可不急行。"结果是到康熙亲政的第二年（康熙九年，即1670年），正式建立了经筵日讲制度，让汉族名家宿儒为皇帝讲授汉族儒家经籍。从此，皇上研读儒家经典，成为清朝一代的制度被固定下来。

皇帝尚且如此，更何况一般旗人子弟。在建立太学吸收汉族生徒入学读书的同时，清廷作出规定：满洲八旗子弟也可入监读书。因为满洲贵族都住在内城，所以又在八旗各建学舍，立书院，从每个佐领下取官学生1名，以10名读汉书，其余学满书。顺治十年

（1653年）上谕，满洲、蒙古、汉军子弟中年幼者，在学习骑射技艺之暇，都要学习书史，不准整日以踢石球为戏。这里说的书史，包括四书、五经、《资治通鉴》和程朱理学。这套儒家经典，在顺治帝的命令下被译成满文，后来成了清朝皇子们自幼必修的功课。可以想见，受着汉族儒家经典的熏陶长大的满洲贵族的年轻一代，与他们戎马一生的父兄相比，该有多么大的不同。

将汉文书籍译成满文的工作，也在继续进行。顺治七年，在满族中产生过重大影响的《三国演义》一书的翻译工作终告结束，并由顺治帝下诏颁行天下。史书上说，清朝满洲武将中不识汉文的，多从这部书中受益。十二年又颁行满文《大清律》。这些满译汉文书籍，成为八旗官兵学习了解汉族文化的桥梁。

然而，清初政策既然摇摆不定，抵制汉化的措施也每每占据上风，尤其在多尔衮死后。顺治十一年（1654年）七月，顺治帝因唯恐八旗子弟习汉书、入汉俗，会日渐忘记满洲旧制，规定凡在宗学读书的宗室子弟，既然已经能读满书，就可以阅读已翻译成满文的汉书，而将学习汉文诸书永行停止。十三年，又针对八旗子弟中出现因专习诗书而忽视习武的情况，限制每佐领下入学读书的人数。但是，这些措施不仅无力扭转八旗子弟要求学习汉族文化的潮流，而且提出这些措施本身，也恰恰反映了满族人民尤其是满族贵族中已经显露出了倾慕汉族文化的端倪，这绝不是靠任何强制命令就能制止的。

2 民族的交融

更大规模的民族交融是在民间。顺治迁都北京，伴随着辽东人口的大规模迁徙，其中满族可以说是举族南迁。从历史上看，辽代的契丹人和元代的蒙古人在进入中原以后，大批本族人口仍然留居故地，使他们在汉地的政权崩溃之后仍可返回家乡。金代女真人却在海陵王和金世宗之后，大举南迁汉地，与汉人共处杂居，最终丧失了自己的后方和根据地。努尔哈赤曾深深以此为戒，他的一些后代也就是我们通常所称的"守旧派"，如济尔哈朗等人，看来记取了他的遗训，但握有实权的多尔衮却决心步金世宗的后尘而义无反顾。为了断绝八旗兵丁的回乡之念，他甚至不惜下令将辽东的肥沃原野焚烧成一片废墟。

如今的满人，也许再不会对多尔衮此举提出什么异议。举族入关，为满族的发展提供了前所未有的广阔舞台，使这个民族得到了充分施展的天地，不是所有的少数民族，都得到过这样的机会。

民族间的融合只是客观事实，而不是满族统治者的本意。满、汉人民，尤其是作为被压迫一方的汉族人民，为此付出的是血和泪和代价。为安置从关外迁入的八旗兵丁和随行奴仆，清廷在京畿实行三次大规模圈地，从汉族人民手中强行掠夺田土；为加强对京师和各重要地区的军事控制，清廷强迫京城居民一律迁居城南，将内城让给八旗人丁居住，在各驻防地修建"满城",将原住居民尽行驱逐,造成大批人民流离失所;为鼓励八旗兵丁为自己效力,清廷纵容他们或掳掠,或置买汉族人口为奴,酿成长期无法消除的社会弊端……但这一切,也创造了二者间在更大范围和规模内互相接触、互相交流的前提条件。

为了壮大统治阶级的队伍,以更加有效地对汉区进行统治,满族统治者不得不极力笼络肯为他们效力的汉族地主官僚和知识分子。这种拉拢还不仅是一般意义上的给予高官厚禄,对这些汉人来说,让他们成为满洲的"自己人",恐怕是最高的奖赏了。顺治六年(1649年)谕,凡早年入关的辽人,愿入满洲旗的准予入旗,便是一例。汉军的编制也扩大了,顺治二年(1645年),清廷把和硕豫亲王多铎在平定江南时招降的南明公、侯、伯、总兵、副将、参将、游击等官374员编入八旗。第二年又将一批投诚官员分别隶于八旗各佐领之下。康熙平定"三藩"之后,平南王尚可喜、靖南王耿精忠的旧部,也大多被编入八旗汉军。与此相似的还有"抬旗"的规定,就是下五旗满族在有殊功或其他情况下,以及建有勋劳的大臣、皇后和皇贵妃母族,照例都可抬入上三旗,而蒙古、汉军大臣著有功绩的,也可抬入满洲旗。此外,清廷大量劫掠汉人为奴,还不断逼迫汉人投充旗下,这些汉人遂成为满洲的奴仆。总之,旗人成分并不严格根据血缘划分,清初的做法就是明证。

这些跟随满洲入关且颇得清廷重用的汉军、辽东汉人以及包衣人,由于自身利益、地位的种种关系,从心理和感情上，与满族甚至比与关内汉人更为亲近。他们剃发易服，在各方面改从满人的习俗。顺治帝就曾提到，由于他们久在旗下，已经颇懂满洲规矩。清廷要求他们学满语，练骑射，规定八旗佐领下的幼童，凡年满10岁，都可入义学读书。满洲、汉军的幼童要学满文、满语。蒙古八旗的幼童还要兼学蒙古语，而且一律要学马步箭。后来又提出，由于汉军八旗都统在办理事务时大多应用满文，汉军子弟学习满文至关重要，所以命令各旗就近设立清文义学一所，于每佐领下拣选一二人入学，专学满语，同样也学马步射。

汉军和包衣的穿着打扮也都与满洲一样，妇女耳穿三孔，不得如汉族那样缠足。他们在八旗内部与满洲交相往来，互通嫁娶，抱养子嗣，到康熙年间，在语言、习俗等方面与满人已无大区别了。

康熙即位，尤其是平定"三藩之乱"以后，曾下大力气对八旗汉军进行整饬。八旗汉军，一则本身是汉人，至少在语言上与汉人之间不存在隔阂，很快就沾染上关内汉人习气；二则他们又具有高于一般汉人的特殊的政治地位，到康熙朝时，已发展成了一股习气，令康熙帝难以容忍。他一再指责这批汉军的"习俗不善"，甚至说其习俗之恶，已至于极，说他们不能勤习武艺，其外官甚至不能骑射；逢父母办丧事时，竟召集亲朋聚会，演剧饮酒，这种恶习，在满洲中未见，在汉人中也没有。为了对汉军旗人严加整顿，他采取了把八旗满洲的官员派遣到八旗汉军中任职的方式，八旗汉军的副都统、参领等高层职位，一度多由八旗满洲占据。康熙声称这一做法的目的，就是要为汉军旗人作出表率，让他们"一如满洲也"。康熙二十六年，康熙曾批评这些到汉军内任职的满洲官员，说他们未能如他所期望的那样教导汉军子弟，没能让他们凡事都效法满洲。这是康熙帝在八旗内部强制推行满化的一个明显例子。

对汉族官僚，清廷也鼓励他们学习满语满文。顺治帝谕令翰林院的汉人进士学习满书，以备将来大用。他两次亲临内院面试，对学了几年仍然不得要领的几名官员予以降级调用处分，而对成绩优异者则大加赞誉。如王熙，20岁时被顺治帝召见于宏文院，令他以满语奏对，结果十分满意，被一再晋升，一直官至大学士。顺治十三年，顺治帝还赐予他和其他"习满书"的汉族词臣共8人以满文的《资政要览》和《人臣儆心录》各一部。在清廷的这种鼓励下，很多汉人通晓满语，有的已达到相当高的水平。

顺治帝甚至一度允许满汉通婚。1648年8月下谕，说方今天下一家，满汉官民皆朕赤子，想要二者间互相亲睦，莫过于缔结婚姻，自后满汉官民有要联姻的，听之。他还具体规定，凡满洲官员之女嫁与汉人或汉人官员之女嫁与满人，要先报知礼部，无职的百姓则听其自便。顺治帝还一反太祖、太宗时宫中不蓄汉女的禁令，选汉官之女入宫为妃。为争取"三藩"的进一步效忠，清廷将太宗第十二女和硕公主嫁与吴三桂之子吴应熊，又将显亲王富寿之姐嫁与耿继茂之长子耿精忠，固山贝子苏布图之女嫁与其次子耿昭忠。不过,这种做法并未维持多久,后来的满族统治者虽然没有明确下达禁止满汉通婚的禁令,但事实上是严格禁止的。

3 提倡尊孔崇儒

仿依汉制,在全国建立封建专制主义中央集权的统治,是康熙帝亲政之后才逐渐确立起来的方向。在北京的宫廷中受着儒家经书熏陶成长起来的新一代满洲贵族,仰慕的已不仅仅是先辈浴血创立的赫赫武功,还包括了君临天下的封建帝王的"文治"。

康熙帝的生母佟佳氏原为汉军旗人。康熙帝生于北京,对满族的所谓淳朴旧俗并无亲身感受,到他清除鳌拜等辅政四大臣之后亲政时,满族入关已达半个世纪。辅佐他的满汉大臣们,也大多是清朝建国以后才参与政事的。这使他们能够较容易地摆脱旧有的羁绊,更多地从治理整个国家的角度考虑问题,从而制定了一套新的施政方针,并终于以一个与中国历代封建王朝相同的形象,奠定了对全中国的统治。

这套方针中的一项重要内容,就是缓和在顺治统治后期与四大臣辅政时期一度十分紧张的满汉关系。除了采取永停圈地等措施之外,康熙帝将重点放在争取汉族知识分子,尤其是在政治、经济方面具有雄厚实力的江南文士身上,使他们经由各种途径,大批进入了清朝政权,对清朝国家的发展产生了深远的影响。

康熙十七年(1678年)正月,清廷颁发诏书,征召"博学鸿儒",先令在京官员和各省督抚举荐有声望的儒生文士,然后由皇帝召到京城应试。这不是一次一般的科举考试,而是以招揽江南士人、消除反抗力量为目的的特别措施。结果,所取的名士50余人,都是在社会上很有声望的人物。清廷将他们一一授以翰林院官职,让他们参加纂修明史的工作,没有入试的也授职放还,造成了很大的政治影响。通过科举和种种方式,康熙帝网罗了大批汉人文士,其中有不少是顺治末和四大臣辅政时期曾被黜革的人,如徐乾学、王鸿绪等。康熙还擢用熊赐履为经筵讲官,让他讲解儒家学说,并将其一直提升到刑部尚书、礼部尚书等高位。熊是对康熙帝儒学观的形成影响最深的一人。

以吴三桂为首发起的"三藩之乱"被平定后,康熙帝动身前往山东、江南一带巡视,史称南巡。此番南巡,与人们通常传说的乾隆帝游山玩水、大肆奢靡的南巡不同,是有非常明确的政治动机的,那就是安抚江南汉人。康熙于1684年10月到山东登泰山,亲笔写下"普照乾坤"四字,在孔子"登泰山而小天下"之处建亭悬额。11月,他抵达江宁(即今南京),亲自前往明太祖朱元璋的陵墓祭奠,向当地官员大谈朱元璋的创业功绩,还命他们对明陵用心防护,每年举行春秋二祭。从江宁回銮途经曲阜,又谒孔庙,行三跪九叩头礼,写"万世师表"的匾额悬挂于大成殿上,以表示对前朝皇帝及对汉文化的尊重。这次祭孔,是他在位60年中所举行的尊孔活动中声势最大的一次，尊孔崇儒从此成了清朝的重要国策。康熙在位期间，曾5次巡视江南，除了一再拜谒明陵、孔庙之外，对于其他忠臣名士的祠庙，如周敦颐、陆秀夫等，在途经时也不忘赐匾颂扬，以表示对儒学和忠孝节义的倡导。虽然不过是一种权术，但对汉族知识分子还是起到了不小的安抚作用。

康熙大搞尊孔崇儒的目的，已经不只是为摆出样子给汉族士大夫看以缓和矛盾。他有更深一层的动机。努尔哈赤当年那套"天"的观念早已过时，新一代的满族统治者需要寻求一种可以维持整个知识界和全社会的新的凝聚力，这是实现清朝统治的长治久安的必要条件。开始，康熙帝选择了尊孔崇儒的方式，他亲政伊始，就讲读《周易》、《尚书》等经典，强调治理好国家主要不是靠严酷的法律，而要以教化为先。后来，随着儒学素养的提高，他开始醉心于理学，选择了将儒学具体化，也就是独尊程朱理学的道路。他特别推崇朱熹，曾让大学士李光地等人编辑《朱子全书》，共六十六卷。他在为这本书写的序中强调，只有理学才是儒家学说的精髓。他特别欣赏的是朱熹"帝位在德不在人"的主张，因为这正好可以证明满族入关统治中原就是因为有"德"，他可以以此钳制排满的汉族士大夫之口，还可以改变满族那种"以弧矢打天下"的形象。

康熙帝将朱熹的学说确立为官方哲学，并将这套学说归结为一整套的封建伦礼，作为满、汉各族人民须共同遵守的基本道德规范。1670年10月，康熙特地举出16件大事，敦促文武官员督率八旗以及各府、州、县的百姓们切实奉行，其中包括"敦孝悌以重人伦，笃宗族以昭雍睦，隆学校以端士习，黜异端以崇正学，讲法律以儆愚顽，明礼让以厚风俗，训子弟以禁非为"等，统称为"圣谕十六条"。规定每月的朔、望两日，各地村庄都要向村民讲解十六条，以推行"教化"。后来，雍正帝又在这十六条的基础上加以发挥解释，编成著名的"圣谕广训"，奉为祖宗之法。从此，这一套儒家的伦理观念，成为清朝统治者维系人心的有效工具。康熙遵从理学的原则，标榜"以孝治天下"，一再下诏褒扬各地的孝子节妇。中叶以后，康熙又指导人编写《性理精义》，纂辑《朱子大全》，重刊《性理大全》等书，不遗余力地宣传"主敬存诚，尊君亲上"的道理。此时的理学，已经相当僵化，清朝统治者又进而将其理解为约束人们行为的封建教条，忽略了其中的理性思维光辉。雍、乾时期又将其引向极端，导致了以"文字狱"为代表的封建文化专制，造成恶劣后果。

康熙自己研习儒学也堪称认真。据外国人的记述，虽然直到去世，他在书写汉字时仍有笔误，特别是部首，但却对程朱学说表现了浓厚兴趣。据他晚年自称，即位50余年来，在听政之暇勤览书籍，凡四书、五经、通鉴、性理等书，俱经研究。他与儒臣谈论这些书籍，每至子夜。他的本来目的是利用儒学来对汉族人民尤其是汉族知识分子进行有效统治，但后来，他自己也被儒家文化征服了。与此同时，满族中也出现了一些精通儒学的学者,如康熙初年的进士、正黄旗满洲人阿什坦,曾翻译了儒学经典《大学》、《中庸》、《孝经》、《论语》等书。

雍正帝对孔子表示出的尊崇,更要超过康熙。清朝统治者太需要儒家这块招牌来拉拢汉族知识分子、维系人心,来标榜自己的文明程度了,所以不惜本钱,反复拿来大做文章。雍正即位当年,就封孔子的五世先人为王,后来又改"幸学"为"诣学",以表皇帝对孔子的崇敬,甚至像对皇帝一样,为孔子制定了一套回避名讳的规定,还将孔子生日的庆贺规格定为用大祀,与皇帝的规格一样。

用理学统治全社会的结果,影响最深的是满族自己。从康熙时起,满族上至亲贵显宦,下至一般旗兵,都逐渐接受了封建传统的道德规范,"三纲五常"甚至成为满族社会待人接物的口头禅,形成了贵贱悬殊和礼节繁重的风气。这一切导致满族人逐渐从尚武的民族转而变得"温和"了,并且用同样的道德规范进行统治,也使满汉两族在思想意识上逐渐融合到了一起。

褒奖忠孝节义

从皇太极开始,满族就一直在尽力改变着它留在人们心目中的落后、野蛮的形象。入关以后,满族统治者在与汉族官员、知识分子的深入交往中,透彻地领悟到在人民中提倡封建伦理道德对自己统治的莫大好处,于是在满族社会中贯彻汉族的伦理道德,便从做给人看变成为自觉的行动了。

封建伦理的核心是忠君,满族统治者从在关外时起就十分重视这一点。皇太极令八旗子弟入学受教育,将"忠义"的化身关羽抬到神的高度,都是为了教育满人忠君。入关不久,清廷又将明朝提倡和旌表"孝子、顺孙、义夫、节妇"的做法接受下来。顺治帝福临于顺治元年(1644年)颁即位诏于天下时,就要求将上述几种人的事迹详细查明上报,并立即得到各地响应。仅一个月之后,就有宣府巡抚向朝廷申报了一批因不肯屈从于"贼"而身亡的义夫、节妇们。以后又作出了对其赐予银两、建坊旌表的规定。不过,这些做法最初只是针对汉人而言的,满族统治者的出发点,更多的还是想借此标榜自己的文明程度,并作为笼络汉族士大夫人心的手段。但在如此要求汉人的同时,满人自己也逐渐改变了。

满族社会原来最看重的是勇敢,赐予"巴图鲁"(即蒙古语勇士之意)称号,被认为是莫大的荣誉。对满族也像对汉族一样,表彰其"孝子、顺孙、义夫、节妇"的做法,重视对"忠君亲上"的提倡,是从顺治八年(1651年)开始的。顺治朝受到列庙入祀褒奖的八旗官兵2000余人,他们或是"正直报效,竭尽忠义",或是"勇力轶群,殊勋丕著",这里已经将"忠"、"勇"并列。康熙以后,对忠的褒奖更超过了勇。

乾隆朝时,对忠的宣扬已经达到了历代汉族王朝也望尘莫及的程度。乾隆四十一年(1776年),清廷将清初以来一直被称为"伪臣"的明末抗清将领加以追谥表彰,将他们分别列入忠义祠或节孝祠。表彰范围所及,包括在萨尔浒战役中被努尔哈赤击溃而亡的明军将领刘綎、杜松,南明的抗清名将史可法、黄道周,以及被皇太极施"反间计"因而被明帝杀害的袁崇焕等,共计3000余人。

与此同时是贬斥"不忠不孝"之人,主要是指曾经投降清朝并为其创立江山立下汗马功劳的故明降官降将们。譬如在努尔哈赤攻打抚顺时即已归附的李永芳、皇太极时不得已降清的洪承畴和名儒钱谦益等。乾隆帝全然不管他们曾为清朝建立的功业和当时的苦衷,命人编撰《明季贰臣传》,骂他们"身事两朝"、"丧心无耻",让他们以变节者的形象留传后世。在入关已经100多年之后,又如此大翻历史旧账,大张旗鼓地表彰自己昔日的敌手和辱骂投降自己的人,当然并不是为了显示自己的宽宏大量,而是为了将"忠君亲上"的原则在满汉官民中深入发扬,以巩固自己的统治。

提倡忠是为了让人民为自己效力,提倡孝则是从维护统治秩序出发的。顺治帝除下令发行《孝经》、《二十四孝》等书的满文译本之外,还于顺治九年(1652年)颁行"上谕六条",内容是"孝顺父母,恭敬长上,和睦乡里,教训子孙,各安生理,无作非为",命令八旗官员逢每月初一、十五两日召集兵民加以晓谕。这一做法,被后来的康熙、雍正所沿用,先后颁布《圣谕十六条》、《圣谕广训》。在这些要求满汉人民家喻户晓的宣传中,特别提到的都是一个"孝"

字,说孝是"天之经,地之意,民之行"。要求人孝敬父母:"人不知孝敬父母,独不思父母爱子之心乎?"但满族统治者对孝的要求,并不仅仅是孝敬父母,更关键的是要推而广之,以孝治天下。其具体内容,包括事君不忠是不孝,做官不敬是不孝,朋友不信是不孝,打仗不勇是不孝,这里最核心的,还是忠君。

满族统治者把"孝"推崇至极,以此为基础在全社会大力维护和稳定汉族传统的封建家长制和宗法制,并极力在满族中提倡推广,使这个原先尚武勇、重财利而轻血亲的民族,从康熙朝以后,发生了深刻的变化。如今一些研究满族历史和风俗的学者,尤其是一些本民族学者,未曾注意到满族的宗族,完全是在汉族的影响下,仿照汉族的模式形成的,还以为是满族社会的独有特点甚至优点。实际上,明清时期汉族的宗族要远为发达得多。它的特点是,一方面通过修祠修谱,修订族规,有的建置族田义庄,以发挥宗族制的作用,同时把尊祖、敬宗、五常等和三纲结合起来。进而引申出封建政治体制,给专制政体下的臣民和各级统治者之间的关系披上宗法外衣,使尊卑贵贱等级关系合理合法化。清代汉族多聚族而居,南方更甚,内部区分亲疏派系,设立严格的族规,对族人的行为进行规范和管理,族人要参加隆重的祭祖仪式,每个宗族都把修家谱看作重大的事。满族的宗族,尚未达到汉族这种成熟和发达的程度,但也开始具备了基本特点。清代满族重视大家庭,往往四世、五世同堂,家庭的维系,靠的就是一整套的封建伦理观念。强调孝悌，强调父子有亲、夫妇有序、长幼有别，并在这个原则指导下制定严格的家规，同时还修订家谱、族谱来强化家族观念，并教育后人。

满族民间开始出现修谱活动，大约是在康熙年间，雍正帝曾对此大加鼓励，乾隆时达到高潮。雍正十三年（1735年），乾隆帝刚刚即位，为强化满族日渐淡漠的民族意识，增加民族凝聚力，就曾下令修纂《八旗满洲氏族通谱》，历时10年才告完成，这是八旗各氏族的宗谱总集。《通谱》问世后，满洲家族纷纷效法，兴起修谱热潮，几乎达到一族一谱。在这些谱书的序言中，往往要强调"宗谱之立，所以明世系，别支派，定尊卑，正人伦之大径也"。与汉族修谱的目的与形式，完全一致。

在统治者的倡导下，不仅汉族封建礼教的主要内容已被满族社会所领会并接受，就是其中的种种繁文缛节，也被满人继承并加以发挥，达到汉人也无法相比的程度，以至如今汉族仍有"旗人老礼儿多"的评价。

 《大义觉迷录》与文字狱

民族矛盾的缓和并不意味着完全消除，满汉间的文化交流始终是在曲折和反复中向前发展的。到清入关后的第三个皇帝雍正即位时，已经过80余年了，此时虽然汉族人民公开的武装抗清斗争早已结束，康熙帝采取的一系列缓和民族矛盾的措施也取得了相当的成功，但汉族知识分子对满族的敌视心理却仍然未曾

消除。这里除去阶级矛盾、民族压迫的因素之外，还有文化上的更为深刻的原因。满族从初兴、发展直至1644年入关，如果从努尔哈赤1583年以遗甲十三副起兵时算起，历时才不过几十年。在如此短暂的时间里，以一个远较汉族落后的偏居一隅的少数民族，一跃而为全国最高统治者，实在可称为一个奇迹。正因为如此，它身上所带有的野蛮落后的标记，直至入关后的很长一段时间，仍未完全脱尽，而汉族的一些民族思想很浓的知识分子，从传统文化观念出发，深以被满族统治为耻。明末清初之际的著名启蒙思想家王夫之就公然宣称："可禅，可继，可革，而不可以异类间之"，"非我族类，不入我伦"，意思是说在汉族之内，以何种手段来改朝换代都可以，甚至可以容忍篡权、可以容忍革命，就是不能容忍"异类"。这里所说的异类，就是少数民族，其存在深刻的民族偏见与歧视是显而易见的。雍正朝发生的震撼朝野的吕留良、曾静案中所凸显的这种文化上的矛盾和雍正帝所采取的异乎寻常的解决方式，就是很耐人寻味的例子。

吕留良是清初浙江的文士，曾于顺治朝进过科场，以后隐居山林，著书宣扬"夷夏之防"的反满思想。这里我们抛开他在学术方面的作为不谈，单就其对清朝统治的看法来说，是可以与上述王夫之等人归为一类的。譬如他说"华之与夷，乃人与物之分界，为域中第一义"，竟把满族与动物相比拟，虽然是因爱国、爱民族而引发的佯狂之举，毕竟有些过激。吕留良死后，弟子严鸿逵继续传播他的学说，此时一个屡次参加科举考试而不第的穷书生曾静看到了吕的遗书,对吕佩服得五体投地,于是与严鸿逵门人联络,密谋反清。结果事发,雍正帝派人在吕留良、严鸿逵家中搜出了家藏的书籍日记等物,然后将已死的吕、严剖棺戮尸,枭首示众,又将有关此案的上谕、审讯词、曾静等人的口供和认罪书等编辑成书,书名为《大义觉迷录》,颁行天下。曾静被赦不死,雍正帝命他到江浙各地去现身说法,宣讲悔悟原委。

《大义觉迷录》涉及的问题很多,满汉间的民族问题是其中最重要的一个。针对吕留良的"华夷"之说,雍正千方百计地论证清朝在中原统治的合理性,对吕留良的反满言论进行逐条批驳。他说,本朝之为满洲,就像中国之有籍贯,舜是东夷,文王是西夷,并未因所居地域不同而不能做君主。满洲虽属夷狄,但它与华夏一样,也是中国的一部分。满人能够得天下,是因为他们的君主有德,如今天下太平,疆域开拓,就是有德的清朝统治的功劳,所以,统治合理不合理,关键"在德不在地"。这一论点曾为康熙帝所提出,但却是在《大义觉迷录》中得到充分阐述和发挥的。雍正还说,清是从李自成手里夺得天下,为明朝报了仇的,现在汉人若再打着明朝旗号反对清朝,就是毫无道理的叛逆行为。

这种将政敌的攻击性言论全部公开,由皇帝亲自站出来与之进行面对面辩论的做法,着实罕见,可称奇闻。所以,后来的乾隆帝也觉得此举过分,下令收缴了《大义觉迷录》,处死了曾静。而雍正之所以采取如此手段，原因之一是他深深感到满汉间这种文化上的仇视与偏见，并不能靠武力镇压消除，他需要一个能为自己民族统治天下的合理性进行辩白的机会。乾隆对其父的做法虽不赞同，但他统治时期所纂的《满洲源流考》，竭力将满族说成是历来居住在中国疆域内且渊源久远，就像中原也有江南人、山西人的地方区别一样，则与雍正有异曲同工之妙。可见，一个少数民族对中国的统治是否合理、是否正当，在当时人的心目中是个至关重要的大问题。

曾静案只不过是清代此伏彼起的文字狱中的一例。文字狱，就是以文字作品罗织罪名，来达到消灭异端、钳制知识分子思想的目的。这一做法，主要是针对汉族士子的。如果说清初的文字狱还是对十分流行的民族主义和反清意识的一种反应的话，到乾隆朝就完全是统治者滥施专制淫威的表现了。实际上，甚至一些满族文人也未能逃脱文字狱的迫害。在回顾满汉文化交流的历史时，对满族统治者实行文化上的封建专制主义和因此对文化造成的破坏是不应该隐讳的。具体地说，虽然他们为了有效地进行统治，采取了不少汉族的统治制度，也在一定程度上推动了汉文化的发展，但他们也毁掉了汉族文化中的许多优秀成分，这里不能排除有些是出于民族的狭隘心理。乾隆朝修《四库全书》，就是明显的一例。

乾隆朝的诸多措施，是以扩大满族贵族政治经济各方面的权益为宗旨的，可以看成是对康熙以来缓和满汉关系所作种种努力的一种反动。其大兴文字狱和禁毁书籍，也是其中一端，但这些举措中的很多却是在鼓励文化事业发展、促进文化事业繁荣的名义之下进行的。乾隆朝官修图书的事业进入高潮，其中规模最大、影响最深远的，是纂修《四库全书》。

《四库全书》是清王朝投入大量人力物力，花费近20年时间编纂而成的我国历史上最大的一部丛书。它将我国古代重要的典籍首尾完整地抄录下来分编于经、史、子、集四部四十四类之下，共收图书3000余种，7000万余卷，堪称我国古代文化遗产之总汇。可是，编纂图书的过程，同时也是在全国范围内对书籍进行大检查、大查禁的过程。乾隆帝借此机会命人销毁和删改了大量所谓"悖逆"、"违碍"的书籍，其销毁书籍的数量几乎与所收书籍相等，而其中首当其冲的，就是为乾隆帝所切齿的"明季野史"，然后凡宋人谈辽金元、明人谈元朝的书籍也不能幸免。之所以如此，就是因为这些书被认为有诬蔑少数民族的言论，可见满族统治者对于这一问题的敏感程度。出于这种狭隘民族心理采取的行动，使我国历代记载边疆和少数民族情况的大批珍贵文献毁于一旦，对少数民族文化的研究造成的损失是难以估量的。这是清代满汉文化交流史上的一股逆流。

 **八旗子弟的教育**

清朝统治者的如意算盘，是在自己效法汉族封建制度统治国家，同时也积极学习汉文化来附庸风雅的

同时，却让八旗兵丁仍保持关外的淳朴旧习。具体地说，就是要想方设法剥夺一般满族人民学习汉文化的权利。清朝统治者清醒地知道，向八旗兵丁灌输汉族封建伦理观念的目的，只是为了让他们忠君报国，更好地为清廷效力，而维持八旗武力，才是巩固统治的根本。这一原则与皇太极的主张一脉相承。康熙帝从平定"三藩"的战争中，已看到八旗武力有衰退的迹象，满语骑射均不如国初。他作出让八旗兵丁定期到热河参加行围的规定，以督促他们勤习骑射，并从中选拔人才。他多次东狩南巡，每到一处，都要对驻防八旗兵丁的骑射亲加考课，给优胜者以赏赐银两或提拔的奖励。他曾比较各地的八旗驻防兵丁，说自己历巡江南、浙江、盛京（今沈阳）、吉林等处，没有哪处的兵丁能与西安兵丁相比，说他们人才壮健、骑射精练、娴礼节、重和睦、知廉耻，保持着满洲旧俗。杭州兵丁却渐习汉俗，每日打马吊为戏，衣冠不整，拖履在街上行走者甚多，江宁的驻防兵丁也"甚劣"，应采取措施加以整顿。

满族统治者非常重视对八旗子弟的教育。康熙说过，八旗子弟应该成为"入则含毫挟册，出则跃马弯弓"的人才，这里所说的"含毫挟册"，并非一般泛指的有文化，而是特指读儒家之书，所针对的，也不是所有的八旗子弟，而主要是贵族子弟。"出则跃马弯弓"，是对所有八旗子弟的要求。入关后，八旗兴办的各类学校，体现了对不同人的不同宗旨，但将骑射放在首位，则是一致的。这与汉族传统的学校教育，构成了明显的区别。

清朝将努尔哈赤的父亲、显祖塔克世的直系子孙称为宗室，系黄带子为标识，称为"黄带子"。将旁系子孙称"觉罗"，系红带子。顺治十年（1653年），清廷于京师设立宗学，隶属于宗人府，这是教育宗室子弟的学校。此后凡未被分封宗室的子弟，都要入宗学学习。雍正二年（1724年），又在左右翼各设满、汉学，王、公、将军及闲散宗室子弟，凡18岁以下均入学读书，并兼习骑射，19岁以上的也可以入学。学习内容有文法、经艺、翻译、射艺等。雍正七年（1729年），雍正帝感到觉罗人数太多，都入宗学难以教习，便另外设立了觉罗学，也隶属于宗人府，8~18岁的觉罗子弟要入学学习骑射。

清廷还为内务府佐领、管领下的幼童设立了景山官学与咸安宫官学，教习内容与上述各类学校大同小异。同时设立八旗官学、义学，隶属于各旗参领。雍正六年（1728年）规定，各旗选择官房，立义学一所，每学选择教习一名，10~20岁的旗人子弟都可入学学习，学不成就回旗当兵。另外，每参领下还设立一所清文学舍，是教育旗下成人的，凡12岁以上的全丁，俱令入学学习满语骑射，学习伦理道德，一年一次考试，成绩归档。雍正继承了康熙以程朱理学中的一套伦理道德进行统治的手法，特别着重以"三纲五常"的规范教育八旗子弟。他在位期间，八旗的学校教育逐渐完善，一整套封建伦理观念经由这一途径有效地传到旗人中间。

不过，满人与汉人不同，他们并不完全凭借科举考试作为进身之阶，一般旗人子弟能够入学的也不普遍。清廷兴办学校，热衷的只是向子弟们灌输儒家道德和督促子弟练习骑射，而不是振兴满族文化和培养学者。

康熙十五年（1676年），继顺治朝停止八旗满洲学习汉文以后，清廷下诏停止八旗的科举考试，理由是正逢平定"三藩"的战争期间。八旗子弟如果仍与汉人一体考试，必然会耽误军事训练。所以，除了已规定的每佐领一人仍准在监读书之外，旗人考试生员、举人、进士，暂令停止。

雍正即位后，继承了康熙这一宗旨，他一再对八旗兵丁训话，强调武艺是旗人主要的进身之阶，甚至也是他们的唯一出路。他曾说，文武二者兼通的人是很少的，如今若再一门心思崇尚文艺，使子弟中聪明颖悟的人都专意去读书，只剩下蠢笨无能的人去披甲当兵，八旗的武力还能保持吗？再说，八旗子弟即使百般努力，又能学得过江南汉人吗？何必丢弃自己优于别人的特技，专要去干些超不过别人的事呢？

雍正还坚持清初以来制定的方针，即不准八旗驻防子弟就近在当地省城参加科举考试。清朝初入关时，八旗被遣往外地驻防或临时出差，丈夫战死，寡妇必须回京，死者不得在驻防处就地埋葬，必须将骸骨运回京师。八旗子弟参加科考必须回京，因其认为京师才是自己的乡土。但后来却相沿不改，穷苦兵丁子弟很难筹措入京盘费，加上种种不便，回京赴考几乎不可能。到雍正时，朝野上下纷纷对此规定表示反对，却都遭雍正严词拒绝。雍正明确表示，国家设置驻防弁兵，为的是备"干城之选"，目的是以武力维护清朝统治，而不是让他们攻习文墨，与文士争名逐利于科举场。如果允许他们就近参加考试，必然导致一些人竞尚虚名，轻视武事，结果是骑射生疏，操演怠忽，将来又有谁来充驻防之用呢？雍正对反对意见一概置之不理，结果直到七八十年之后的嘉庆朝，八旗子弟在当地省城参加科举的愿望才得以实现。清朝统治者为了让满族人民为自己执戟持戈，以作为维持统治的基础，不惜以八旗子弟的前途为代价，造成有清一代"满洲无鼎甲"的状况，对满族日后的发展造成了非常不利的影响。

 满洲共同体的稳定

18世纪中叶，也就是乾隆统治时期，入关已百余年的满族社会终于完成了从封建领主制社会向封建地主制社会的演变。它的土地私有制已经确立，内部的阶级关系同汉族已非常接近，在政治、文化等方面与汉族的差距也不像入关时那样明显，满人作为全国最高封建统治者的事实，已为大多数汉族知识分子和一般人民接受。

满族从兴起时就一直在发展、壮大，一直处于动荡不安之中的八旗组织，也是从这时起才开始稳定下来。在清朝"只分旗、民，不问满、汉"的政

策下，八旗组织的稳定，就意味着民族的形成已大体稳定下来。

入关之后，满族这一共同体一直在扩大和发展，除了扩大八旗汉军和组成内务府三旗接纳汉人外，汉族人口还通过各种途径进入八旗。譬如，旗人置买民人为奴，就始终是合法的。有些民人也情愿卖身旗下，其原因，有的是遭逢灾害，生活无着；有的是犯罪惧捕，希图脱身；还有的是躲债。这些卖身旗下的民人，往往只身入旗为奴，其父母兄弟仍在当地，所以与地方有非常密切的关系。这种特殊身份，使他们成为旗人与当地百姓间的一道桥梁，对二者间的交流有着虽不为人注意但却相当重要的意义。

旗人还有抱养义子的习俗。这是一些穷苦旗丁为维持生计采取的一种方式。年老或残疾的旗人，自己已经无力当差，又没置起产业，于是抱养义子以赡养之。养子以民人居多，恐怕是民人之子比较贫贱的缘故。在清朝的前半期，抱养民人之子是八旗内的普遍现象，也是汉人渗入八旗并成为八旗成员的又一个途径。道光朝进行过清理，发现有些驻扎几千旗兵的驻防地，官兵中的养子有数百名，多的竟有上千名，占旗人总数的十分之一强。所抱养的义子，自幼在旗人家庭成长，无论姓名、经历、感情、心理素质各方面，已与旗人无异。很多人多次出征，为清廷效力疆场，或立功拔擢，或受伤阵亡。清廷在嘉庆、道光两朝曾将养子大规模清除，但对这些人却不得不念及前功，让他们留在旗内。

因此，入关以后八旗人口的持续增加，甚至达到"加有什佰"的地步，就不仅是自然增殖，还有种种非满洲成分的羼入。这些分散地进入旗内，以个人身份进入旗人家庭的汉人，比起编成佐领纳入八旗的汉军旗人，有着更多与满人接触的机会。他们更易接受满人的影响而满化，也把大量汉俗带给了旗人。

清中叶以后，由于八旗人丁除当兵以外不准从事其他职业，而八旗人口的增加又使当兵食粮的比例在旗人人口中日益减少，导致旗人生活水平的下降，引起八旗特有的"八旗生计"问题。清廷决定将八旗之内的非满洲成分尽量排除，以保证满洲正身旗人的食粮份额，因而采取了让汉军、开户人出旗，清理八旗养子等措施。于是，为数不少的已经不同程度地满洲化的汉人，又重新融入汉族的汪洋大海。这样的一出一入，将满族的很多文化、习俗带到了汉人中间，使二者间的距离又拉近了一步。民族间"你中有我，我中有你"的状况，就是在这样的历史背景下逐渐形成的。

离开八旗的非满洲成分虽然是大量的，但留在旗内的也还大有人在，清廷对京旗中的汉军出旗采取自愿原则，结果愿出旗者为数寥寥。对于八旗驻防旗人，虽大部分被强令出旗，但从八旗战斗力等各方面考虑，广州等地仍留下了部分汉军。很多立有战功的开户人和养子等，或被拨入汉军，或仍留在满、蒙八旗之内。内务府三旗旗人以及很多奴仆也并未出旗。这个事实本身就说明了八旗内部各民族之间，已经形成了密切不可分的关系。而乾隆以后,八旗组织趋于稳定,这些仍留于八旗内的人员,日渐与满洲融为一体。清代中叶的汉军出旗,是八旗内的一次大变动,也标志着满族的发展进入了一个新阶段。满、汉间的民族融合和文化交流,从此在一个新的基础上得以更迅速、更广泛地进行。

 "国语骑射"政策的提出

"国语骑射"作为一个口号,就是在这样的背景下被满族统治者正式提出的。乾隆十七年(1752年)上谕说,骑射国语是满洲的根本、旗人的要务,因此要求满族人保持自己用以制胜的武力特技和作为本族人特征之一的语言。这一要求的实质,是希望本族人民能够保持他们以八旗组织为形式、骑射国语为内容的特点,存在于全国人民之中,并以此来与全国人民相区别。这个口号,后来就成为清朝的一项国策和家法,被以后的皇帝所奉行。道光帝说,骑射国语是满洲的根本,人人都应该知晓;咸丰帝说,八旗子弟要"国语勤习,骑射必强"。读者须知,这已是西方资本主义的洋枪洋炮轰开中国大门以后的事了。

乾隆帝采取各种措施来贯彻这一要求。以保持满语为例,首先是以身作则,乾隆帝自称从12岁起随圣祖(康熙帝)临门骑射,每因射中而受圣祖褒奖,从此勤习不辍,凡64年。骑射被清廷定为考核项目,康熙时开始的行围演武活动,雍正时一度中断,乾隆时

一年一度照例举行,直到道光以后方才中止。关于旗人讲满语的问题,乾隆从即位之始就规定,以后引见人员必须以满语奏对,如果不能满语,就不准列入保举,结果被革的官员为数甚多。清廷还在八旗驻防处选择能说满语者,分到各旗,规定期限,教授旗丁学习满语。

在八旗将领中,确有响应清朝统治者号召而付诸行动的人。例如广州的八旗驻防协领舒敏,非常担心旗人在广东时间呆长了会沾染汉人习气,所以对旗人加紧整饬,不准他们的服装违制,不准讲满语时出错,到办公地点讲话必须用满语,下发公文必须写满文。还有一名协领达绷阿,时刻督促旗兵不得忘本。广州驻防八旗原有一项规定,即每年的春秋两季,要让满汉旗兵登上满城的三处城楼吹演海螺,每日三次,表示兵丁操练的开始。后来时间一久,此制渐渐废弛,达绷阿便禀告将军,说这本是关外旧典,当初旗兵要行猎和巡卫边防的时候,都要先期一月吹响海螺,招集各屯的猎马和士兵。广州濒海,固然没有屯卒牧马,但国俗却不可不知,请将军恢复旧制。将军自然不能不从,从此便对此人畏惧三分。可见清廷也自有一批跟随者,"国语骑射"也在这些人的努力下维持了一段时期。

但是,乾隆朝提出这一政策,也恰恰说明了"国语骑射"已经难以维持,它的衰落已是大势所趋。

要满族人保持自己武力特技和民族特点的要求,虽然在皇太极时就深受满族统治者的重视,但乾隆朝再次将其提到如此的高度,有它特定的原因。那就是,随着建立在封建领主经济基础之上的八旗制度的趋于衰落,皇太极曾深以为荣的"野战则克,攻城则取"的战斗力已不复存在,骑射技艺无论被如何提倡,也只是徒具形式。

国语的消失,更是必然现象,以人数如此微弱的少数民族,处于汉族的汪洋大海之中,无论政治经济、日常生活,不与汉族人民交往是不可能的,尤其当这个民族是统治民族的时候。清代很多地方大吏都用满员,绿营也常由满人担任将领。雍正朝时即有人提到,地方的命盗案件,都是汉文,满洲官员若不识汉字,就很容易被那些奸猾官吏欺隐,因此,雍正曾特别勉励满洲大臣努力学习汉文。而在绿营任职的满官如果不识汉字,一切依赖主管文书的"笔帖式"转奏,则根本无法协同办事。再者,满语自身也存在一些缺陷,难以准确地表述有关刑名、钱粮等复杂事件,有关紧急军务,书写必须严密,满语也常常不能达意,所以,即使提倡国语最力的乾隆,在遇到这种情况时也要求臣僚用汉语书写。正因如此,清廷在科考中虽列有满汉两榜,却仍规定,凡旗人子弟考取者,懂汉文的可补地方的州、县等官,只懂满语的则只能在八旗内升转,懂汉语遂成为八旗子弟升官晋职的必需条件。可见,对旗人子弟来说,只有懂汉语、汉文,才有可能跳出自己狭小封闭的旗人圈子,进入更为广阔的空间去一展身手。他们比只懂满语的人有着更多的机会和出路。通晓汉语就能应付一切,既然汉语不得不学,他们又何必再费心费力地学习满语呢？语言从来是一种工具，当它丧失了工具的作用时，其消亡便成为不可避免的规律。

发展到封建社会晚期的汉族社会，有着腐朽、衰败、僵化等种种无可挽救的弊病。作为新兴的尚保持一定生气的少数民族，看到汉族社会的这些弊端，希图保持自己传统而避免受到沾染，是不无道理的，也是可以理解的。可是，建立在比关内封建制度更为落后的基础上的八旗制度，不仅无力克服这些弊端，而且使自己陷入难以自拔的种种矛盾之中。早在雍正朝时，有人提出军营火器从来最重，应该给予枪炮手像弓箭手一样的进身之阶，雍正帝竟唯恐这样做会使士兵分心，不专心学习弓马而将这条建议否决。他的后继者更加过分，将骑射技艺一直强调到光绪朝后期，这就不仅不合时宜，而且纯属是逆历史发展趋势之举了。"国语骑射"的不能保持，也是必然的事。

"国语骑射"作为一项政策，是满族统治者单方面的主观愿望，当它已失去存在的依据时，还要人为地长期保持它，并不符合满族人民向前发展、进步的根本利益。所以，"国语骑射"难以保持，说明了满族统治者的失败，却不说明满族这个民族的衰落。相反，大量接受汉族的影响，促使满族更快地从原有的落后阶段赶超上来，反而使它不断地向前发展。

三　满汉风俗的流变

1644年清军入关，满族从此离开了世代生活的白山黑水和辽沈平原，进入汉族世代居住的广大区域，他们的分布地域，大致可分成三块。

第一是北京。清军入关，把半数以上的精锐部队（所谓的禁旅八旗，也称京旗）集中于京师，平时镇守中央，有事便调集出征。入关时，八旗兵丁的总数大约有二三十万，京旗就占十万有余。满族统治者实行"旗民分治"政策，把原来居住在京城内的汉族官民一律驱赶到京城南部的"外城"居住，内城则按左右翼方位，分段安置八旗人丁。从此，北京城成为满族居住最多、最集中的地区。

第二是各地的驻防八旗。为了加强对地方的控制，从顺治年间开始，满族统治者就陆续在全国各军事要地、水陆要冲和抗清的政治中心派驻八旗劲旅驻防，兵员多少有异，多的如西安，有甲兵五六千人，加上家属就有上万，设置驻防将军进行管理；少的如长城沿线各口和当时称为"京畿"的河北一些地区，仅有几十人，管理的官员是城守尉、防守尉。

第三是满族的故乡东北。八旗劲旅中的大部分在清军入关时都已跟随进入中原,后来曾有少数被重新遣回关外驻防,但有清一代,东北三将军的驻地上,人员主要都是后来收编的"新满洲"。满族统治者一直把东北看作是自己的"龙兴之地"而加以特殊保护,这种保护的中心,就是千方百计地阻止汉族等各族人民出关,以维持满族在这一地区的经济权益和传统习俗。

无论在何处,满族人民都生活在相对于他们在人数上要占绝对优势的汉族人民中间,从而形成了大分散、小聚居的分布特点。他们与当地汉族在文化、风俗方面相互交融,也不同程度地保留了自己民族的心理和传统。他们的生活方式,对当地汉族人民的生活造成了一定影响,但更为明显的,则是他们在与不同地区汉族人民的长期交往中,因受不同地方的影响而形成了各异的文化,这构成了如今满族文化丰富多彩的特征。

北京城的风俗

首先我们谈谈北京,这个古老的城市是清代满汉文化交流的一个典型例证。

回顾北京的历史,大部分时间是被北方各少数民族所统治的。正是这些少数民族的强大,促进了中原政治中心的东移,才有了北京取长安而代之的地位。实际上,从女真人建立金朝甚至更早的时期开始,北京就已经不再是一个纯粹由汉族人居住的都城。金朝天德五年（1153年），海陵王完颜亮将都城迁到燕京，即今北京，改名为中都，并把北京城划分为东西两县，西半边是宛平县，东半边是大兴县。这两县的格局和名称，从此便一直沿用到了清代。

蒙古族在北京留下的痕迹，比起女真人要鲜明丰富得多。1724年，元世祖忽必烈将都城迁到北京，定名为大都。大都城宏伟壮观，全城地面规划有如棋盘，其中的皇宫门阙重叠，防范严密，使人联想到壁垒森严的兵营。明朝的北京城，包括它的规模、皇宫和街衢，都是在元大都的基础上兴建的。许多元朝时的故俗，也随之保留在北京居民之中，如北京人称街巷为"胡同"，就是从元朝沿袭下来的。北京的语言、饮食习俗，也多少受到蒙古族习俗的影响。

北京的居民中有不少北方各少数民族的后裔，至少北京的地名已经为此作证。如现在的魏公村，曾是元代畏兀儿（维吾尔）人的聚集地，魏公村一名，即由"畏吾村"沿袭而来；朝廷镇压四方少数民族反抗，有到午门"献俘"的做法，这些俘虏一旦被皇帝赦免，往往就被指定在北京的某个地方集中居住，于是就有了回子营、苗子营以及达子馆、达子营等。所以，北京的经济和文化，一直都是各民族相互交融的产物。

最后一个在北京建立中央政权的少数民族——满族，又一次为这个城市带来了新鲜奇异的气息，它对北京城的影响，更甚于其他少数民族。

①北京城的格局。清军进入北京后，将汉族人民

尽数迁到外城，此后长达几百年的时间内，内城的主要居民便都是旗人。清朝统治者完全用对待士兵的方式来管理这些旗人，他们必须按规定居住在指定的地段之内，未经允许不能随意走动，如果要出城办事或探亲访友，必须经过批准。清廷还将明代在城内建立的会馆、戏院等一律迁出，并严禁在城内开设戏园、赌场。京城的九座城门均由士兵把守，按时启闭，使整个内城俨然成为一个大兵营。

从内城迁出的居民，大多居住在南城，也就是俗称的外城，位于今崇文门、正阳门（前门）和宣武门之外。这样，内城居八旗子弟，外城居汉、回居民，形成了独特的分居格局。外城的居民大致有三种：一是汉族官员。清代的中央六部，都设在正阳门内，就是如今的天安门广场一带，为赶早上朝，汉族官员便多在正阳门外就近拓地建房。二是外省到京赴考的士子。为方便各地来京赴考的士子，各省都在南城一带修建会馆让他们居住。三是商人。偌大的北京，每日需要大量的消费品供给，于是南城便成了商贸市场，前三门外成为商、农、手工业产品的重要集散地。当时有民谣说"官员出入正阳门，士子出入宣武门，商人出入崇文门"，就是外城情况的写照。南城的独特格局，为经商者的聚集、迁移和经营提供了良好的环境，也为工商会馆、同乡会馆、殡葬仪馆及士子会馆的迅速发展，提供了繁衍的土壤。当然，与之形影相随的，便是妓院、烟馆林立。结果，城内肃穆冷清，城外热闹繁华，构成了鲜明的对比，也成为清代京城的一大特点。

从北方寒冷地区进入关内的满洲贵族，耐不住京师夏季的暑热，从康熙起的多次南巡，又使满族的皇帝们对江南的园林产生了倾慕与眷恋之情。于是，除了每年到承德避暑山庄避暑和演武之外，他们在京城也大兴修建园林之风，如在京郊的海淀，修建了举世瞩目的圆明三园，将各种稀世珍宝荟萃于此。清代皇家园林将江南的精巧秀美与北方的雄浑古朴集于一身，成为我国园林建筑史上的一大突破。清时，人称北京有两大发展受人瞩目，一个是南城的会馆，再一个就是西北的皇家园林。这使北京城的南、西、北三处成为京师最为繁华美丽的地方。

独特的格局形成了独特的民俗。至今，北京外城人与内城人不仅在讲话的口音、用语上，而且在礼节和讲究上均有差别；就是同属内城的东城和西城，由于旗人之间不准随意往来，讲话的语音也略有不同，如果细心考察，就能够分辨出来。

②北京人的生活趣味。满族统治者企图将北京旗人限制在相对隔绝闭塞的状态之中，但各民族间经济文化上的相互交流，却是双方必不可少的，不是官方一纸禁令所能限制得了的。再者，正是统治者自己在不断地打破各种界限与隔阂，外城的繁华热闹，自然也对八旗贵族子弟有着莫大的吸引力。最先无视清廷禁令到外城听戏玩耍的，主要就是宗室子弟，这在乾隆、嘉庆以后皇帝的上谕中时有所见。

人们都知道旗人有听戏、唱戏的癖好，近代以后，在解脱了八旗制度束缚的满族人中，涌现出相当一批著名的戏剧表演艺术家，早期有汪笑侬，后来又有金少山、言菊朋以及程砚秋等。但事实上，早在满族入京之前，演剧之风就已盛行于北京的汉族士子与寻常百姓之间。北京是元代杂剧的摇篮，元曲四大家中有三位都是大都人（关汉卿、马致远、王实甫）。明朝建立后，各王府竞相大兴土木，营造私人戏楼，著名的广和楼戏楼，当年就曾是私人戏楼。清朝初年，更有不少汉族士人利用戏剧来抒发自己的亡国之恨，发泄对清朝统治的不满，并因此酿出诸多事端，最著名的一件就是康熙朝时在北京演出孔尚任的《桃花扇》。当时，每场演出都座无虚席，明末遗老观看演出，无不以泪洗面，思念故国之情油然而生。这当然令清政府难以容忍，结果，孔尚任被革职查办，戏被禁演。

因为担心百姓借戏园之地纠众闹事，满族统治者下令在外城戏院集中的地区如大栅栏，禁止夜唱。对于八旗人丁，则禁令更严，自康熙十年（1671年）起，清廷就规定在内城永远禁止开设戏园。他们认为唱戏是优人的事，本属下流，尊贵的旗人岂可与戏子同流合污？再说，一味沉溺于弦歌笙管之中，会耽误习武正业，影响到八旗武功，这可是关乎社稷倾危的大事。所以，从康熙朝起，皇帝的上谕中就不断出现劝谕旗人不要沾染汉人恶习，不要出入于酒馆戏园的文字。可是，对于除了披甲当兵并无它事可做的旗人来说，却从哪里再找比听戏更好的消遣呢？结果到嘉庆初年，唱戏之风愈演愈烈，甚至内城也不顾禁令，开设了不少戏馆,引得八旗子弟争相征逐歌场,甚至嗜剧成癖,很多满洲官员也改装前往外城戏园。嘉庆十年(1804年),有6名旗人甚至因为受戏班邀请与演员同台出演,被御史和顺告发,嘉庆帝认为这是不务正业,不要体面的行为,将他们削去八旗户籍,发到新疆伊犁充当苦差。据说,那个揭发别人的和顺,本人就是个戏迷,听戏时还总为争座与别人发生纠纷。事情闹到这一地步,再严厉的措施也难以奏效了。直到同治年间,内城的戏园仍然违禁演戏,同时还演些曲艺、杂技,也未见清廷拿出什么有效的手段将其禁止。

此风难以杜绝,根本原因还在于统治者本身就嗜戏成癖。乾隆时为皇太后做寿,曾在西华门到西直门外的十几里路边,隔几十步就搭一个戏台,南腔北调,备四方之乐。光绪时,西太后更是有名的戏迷,曾让太监在宫中为她排戏,人称宫中演戏水平堪与城中最好的戏班相比。

入关200余年,满族人的生活趣味大大改变了。我们可以用两首诗中的描写来进行比较。

第一首是清前期诗人文昭描写北京街头满族骑马少年的:

鸒翎缯笠半垂肩,小袖轻衫马上便。
偏坐锦鞍调紫鹞,腰间斜插桦皮鞭。

第二首是嘉庆时诗人描写八旗兵丁的:

衫敞前襟草帽横，手擎虎喇叭儿行。

官差署了原无事，早饭餐完便出城。

"虎喇叭儿"，是一种鸟的名字。诗中描写的着长衫、带小帽，一早便出城遛鸟的八旗兵丁的懒散样子，与清初旗人英姿勃发的形象，对比是够鲜明了。

听戏、泡茶馆、提笼遛鸟，已经成为旗人的标准生活方式。它固然腐蚀了一代骁勇善战的八旗兵丁的斗志，但是如今，这些情景在京城举目可见，仍然代表了老北京人最欣赏的一种标准的生活情趣和方式。这就无法用简单的肯定否定，或积极消极来评价了。

③北京人的服饰与饮食。满族入关，强制汉人易服剃发，竟有数不清的人为此付出了生命与鲜血的代价，最终汉人还是服从了满制，甚至汉族儒家文化的代表孔氏后裔也概莫能外。不过，清朝对男子服饰虽有严格规定，对妇女却没有提出具体要求，于是就像如今一样，妇女的发式服装，就成为当时风尚的标志。清初，北京的汉族妇女，多喜欢依照旗人式样，将头发梳成扁圆形，或高高束在头顶，这是其他地方没有的，可见当时京师有过慕满崇满的风气。可是，清朝中叶以后，情况就变得相反，倒是旗人妇女乐于效法汉族妇女的式样了。在关外时，满族妇女因为要与男子一样骑马射猎，服装都用"箭袖"，入关时间既久，衣袖渐渐变长，嘉庆帝曾于十年（1805年）专门为此颁谕，说本朝服饰是立国以来列祖列宗所定的，怎么能任意更改？男子出门在外，还比较容易约束，女子

深居闺阁,自然更难查察,尤其是很多满洲妇女,衣袖已经大大超过规定,官员对此,一定要严加检查。这样的谕令,嘉庆帝不仅颁布过一次,虽然有小题大做、喋喋不休之嫌,效果似乎并不明显。嘉庆二十二年,一个满族诗人的诗句中仍有这样的描写:

> 名门少妇美如花,独坐香车爱亮纱。
> 双袖阔来过一尺,非旗非汉是谁家?
> 头名架子甚荒唐,脑后双垂一尺长。
> 袍袖直如弓荷袋,可能恭敬放挖杭?

这一首诗没有注释是不好懂的。诗人写了三个注释:第一释"架子",系指妇女用双架插在发际挽住头发,像双角形,称"架子头";第三句后面的注释说,近来因为袍袖太宽,不甚雅观,所以都把袍袖头移到袽上,这就无袍了;第三个解释"挖杭",说这是满语"袍袖"之意,旗人的礼节是妇女见到尊长要将袍袖放下来,如今袍袖没有了,礼节也随之消失。

人们都知道如今仍然流行的旗袍是由满族妇女的服装演变而来的,殊不知它已经吸收了大量汉族特色,并不是当年的旗装了。

京师的饮食,保持了相当多北方少数民族的习惯。满族人喜食烧烤,故有"满菜多烧烤,汉菜多羹汤"之说。还喜食奶食和各种面食糕点,如切糕、凉糕、艾窝窝、豌豆黄、萨其玛(为满语)等。最诱人的可能要算一种酥酪,叫奶乌他,据说是"真北方之奇味

也",令人念念不忘:

> 内城果局物真赊,兼卖黄油哈密瓜。
> 我到他乡犹忆食,山楂糕与奶乌他。

后来,荟萃于城南的汉族商人、士子和官僚,将全国各地各种风味菜肴带入京城,便逐渐影响到满族人的饮食习惯,一些原有的食品消失了:

> 满洲糕点样原繁,踵事增华不可言。
> 惟有桲张遗旧制,几同告朔饩羊存。

注释说,"桲张"就是饽饽包子,旧时旗礼,一切婚丧大事,都有桲张,如今已渐渐不见了。

但是,还有不少满族食品,却因得到满汉人民的共同喜爱,而流传至今,只是人们并不知道其中的一些最初源于满族而已。典型的如著名的南北大菜"满汉全席",是由北方的烧烤风味与苏州的风味小吃相融合而形成的,它集满汉烹饪之大成,至今仍是我国规模最大的古典宴席。另外如风靡京城的"火锅城",其火锅也是随满族入关带入中原来的。

 东北的汉族流人与流民

流人,指清代因犯罪被流放的犯人;流民,指不顾清朝政府禁令而自行出关的农民。这两种人,是清

代最早为东北满人带去汉族文化和生活方式的人。

1644年清军倾其全力入山海关,不惜以焚毁房屋土地的方式使满族人民断绝还乡之念,以至当他们占领北京,建立了全国性政权的时候,他们的故乡却已是一派断瓦颓垣、有土无人的衰败景象了。在顺治朝,满族统治者曾一度鼓励汉族农民出关垦荒,但很快就认识到会有使"祖宗发祥之地"汉化的危险。于是转而采取严厉的"封禁"政策,以各种措施来阻止汉族农民出关,转而靠招徕或军事征讨等手段将黑龙江、松花江流域的少数民族部落编入八旗,号称"新满洲",并将他们调往盛京等地,计丁授田。这些新满洲身上所保留的传统旧习,比起进入辽沈之后又入关的旧满洲更为淳朴。这使清初东北的风俗,有了一个向质朴古风的回归,因此,当进入中原的八旗子弟逐渐丧失了能征善战的本领和精神的时候,清廷曾将希望寄托在东北旗人身上。雍正帝说过,我们满洲人,因为在汉地居住时间久了,不得已与本习越来越远,现在只有依靠乌拉、宁古塔的兵丁来保持满洲旧习了(乌拉位于今天的吉林;宁古塔今称宁安,在黑龙江省)。清廷让他们仍然像入关前的八旗兵丁一样,平时在田间从事农业生产,战时调集出征。关内每遇重大战役,都可以见到东北八旗子弟的骁勇身影。可惜这种回归的时间太暂短了。

虽然满族统治者深知要让东北旗人保持淳朴旧习,唯一的办法就是让他们避免与汉人接触,但是满族入关并建立全国性政权之后,东北就自然地成了这个统一政权的一部分，这本身就已大大加强了东北与内地的联系。从清初开始，满族统治者就将辽宁的尚阳堡和当时属于吉林的宁古塔等地作为发遣罪犯的处所，相当数量的汉族文人被流放到此地，到雍正末年止，流放到东北的遣犯已达10万。这些文人自己固然觉得苦不堪言，甚至痛不欲生，但对当地土著的满族人来说，他们的到达却像是吹来一股清新诱人的空气，从将军到一般兵丁，都对这些犯人怀着难以抑制的羡慕心理。

变化便从衣食住行这些微不足道的小事开始了。最早的汉族犯人到宁古塔时，那里的满人还不知有布，他们中有钱的缉麻做衣，穷人则穿鹿皮，有犯人用布与他们换稗谷食用，一个小官拿这块白布做成衣服，元旦那天穿上，便惹得人人羡慕。数年之后，宁古塔人已经穿起绸缎，天寒时则穿羊裘，只有穷人才穿布衣了。原先的器皿如盆、碗、盏之类都用木制，很快被瓷器取代。宁古塔土著原来不会制蜡烛，夜晚都点糠灯，汉人去后，教他们用野蜂蜜煎熬的办法，他们才学会了制蜜制蜡，还仿效汉人，在婚礼中点蜡烛。对于这些变化，17世纪末就有人在诗中写到了：

> 三十年前事，儿童见者稀。
> 天寒曳护腊，地冻著麻衣。
> 雪积扒犁出，灯残猎马归。
> 只今风俗变，一一比皇畿。

驻防此地的满洲将军和官员，还延请这些被遣的流人，为自己的子弟教授汉语汉文、诗书礼仪，到道光朝时，"竞谈文墨"已经成为宁古塔地方的风俗。

宁古塔在东北是有代表性的。此外如清末有人谈到齐齐哈尔的情形，说雍正朝吕留良被戮尸，子孙都被发配到宁古塔，后来又改发到黑龙江，隶水师营。到民国初的时候，有人到齐齐哈尔，看到他们的后裔多以塾师、医药、商贩为业，当地满人都称他们为老吕家。虽然身份低贱，但当地人凡求师都要找他们，凡因罪发遣到此的犯人也必先拜访他们，没人胆敢看轻他们，他们自己也未尝自轻。又说，清初除了辽宁的开原、铁岭以外，关外其他地区都没有读书识字的，齐齐哈尔有了读书之风，就始于吕留良的后裔。

这些遣犯，可以说是开东北文教风气之先，但东北面貌的彻底改观，还应该归功于乾隆朝起大量出关的汉族人，当时人称为"流民"。

汉人争相出关，是受东北丰饶的物产和肥沃的土地所吸引。据说，山东至今流传一句俗话："春天捣一棍，冬天吃一顿"，极言关外黑土地的丰腴。再加上东北地广人稀，无怪乎在关内丧失了土地、生活无着的农民要"如水归壑"般地涌去了。

出关的流民，一般以偷采人参或私垦土地为生。从康熙朝起，流民逐渐北移，以至乾隆时制定了禁止流民出关垦荒的"封禁令"。嘉庆、道光之际还花费巨资，几次组织北京旗人到吉林一带实行大规模屯垦，但都失败了。北京旗人早已将京城视为自己的故乡，再难忍耐关外寒冷的气候和寂寞的生活，更不要说重新与土地结合。而山东、河北一带的汉族流民，却无视清朝政府的禁令，在辽东、吉林一带越聚越多，以至清廷每查办一次，都能查出新增流民成千上万户，其势已不能遏止。乾隆末年，辽宁的金州、复州、盖州甚至非常偏僻的凤凰城一带，就已全被私垦荒地的山东人占据了。采参汉人的足迹，已远达乌苏里江直到库页岛地区。据20世纪初俄国人记载，这一带的汉族移民，任何谋生的空隙都钻得进去。到光绪末年，东北三省的汉族人口，已是满族人口的10倍有余了。

清朝统治者唯恐汉人出关会危害到东北旗人的利益，但东北旗人本身的看法却有不同。流民不受清朝政府的严格管束，不需要披甲出征，不需要服役当差，能倾全力于种地，耕作技术比满人高，比满人吃苦耐劳。时间既久，东北旗人便离不开汉人，当时有人作了这样的描述：

> 东北旗人，尤其是富有人家，举凡建筑宅地、运料帮工、瓦石木匠需人；勒碑刻铭、装饰坟墓需人；出门坐轿车，需要制造车轮车舆的人；要练习弓马，或驰骋田猎，需要制造弓箭的人、制造鞍鞯的人；骑马往来，冰天雪地，马要钉铁掌，铁匠需人；此外，与朋友往来酬酢，要附庸风雅，作赋吟诗，还是需人。所以，皇上的上谕虽是上谕，满人的需求也总是需求，流民到达后，他们不仅不加以驱赶，反而极尽招徕之能事，于是借给他们牛畜籽种，让他们白住房屋，能下田的下

田，能伐木的伐木，能种菜的种菜，能喂猪的喂猪，铁匠送到铁匠炉，木匠送到木匠铺，念过书的功名人就留到府里，陪老东家清谈，教少东家读书。

如此这般，汉人便逐渐在东北扎下了根。东北的面貌，也就随之发生了巨大改观，甚至天气也比过去和暖了，满人说，这暖都是"蛮子家"（指汉人）带来的，大概不假。

满族人已把他乡作故乡，他们将返回自己的故土屯垦看成是一种惩罚，甚至在来视察的官员面前双膝跪下，乞求官员发恩放他们回京。相反的是，汉族人却将这片沃土看成宝地，不惜冒风险、历艰辛，携家带口奔向此地，然后就把这里看成家乡，开辟田园庐舍，繁衍后代子孙。试问当年闯关东的山东人，有多少还愿意返回他们的生身故乡呢？

 **各地驻防八旗的满汉关系**

从清军入关起，在以半数重兵驻守京城的同时，还在各地派驻八旗劲旅，称为八旗驻防。清代的八旗，也就由此而分为禁旅与驻防两部分。清代派驻八旗兵力最密的地方是西安，其次是江南几个抗清活动最为激烈的地区，如南京、杭州和广州、福州等地，此后又陆续添设了湖北荆州、四川成都、山东青州以及宁夏、绥远（呼和浩特）和新疆的伊犁，到乾隆朝，最

高层次的将军级驻防点已达13个，还有上百个较小的驻防点。

按照满族统治者的规定，驻防八旗与京旗一样，归属于在京的八旗都统衙门统领。满族统治者在几乎所有的八旗驻防地，专门为八旗兵丁修筑"满城"，也称"满营"，将旗人集中于一处居住，环之以城垣或界址。而实际上，正如康熙帝所说，是唯恐他们长期留驻外省，会渐染汉人之习，以致骑射生疏。雍正帝也说，在驻防地居住久了，闹不好驻防兵丁就全成了汉人，使国家设置的驻防，成为这些人加入民籍的途径。他还说，不让他们在当地置产造坟，就是怕以后时间久了，会使兵民、满汉混淆不分。

与圈地、剃发等措施一样，将驻防城市中的原住居民强行迁出而修筑满城的做法，曾给当地居民带来莫大的纷扰与损害。如八旗兵进入杭州后，圈占了西湖边最繁华地段的民居1000余间，被赶出住所的居民只好栖息在神庙、寺观和路亭、里社中，历时几年才逐渐得到安置。但从另一方面来看，在那个特定的历史时期，这样做也曾避免了八旗兵丁与当地百姓间许多直接冲突的发生。

满族统治者利用这个形式，把驻防八旗的兵丁和家口，紧紧禁锢于满城这个狭小的天地之中。就像对待居住在京师内城的旗人一样，满族统治者对驻防旗人的行动也有种种严格的限制。如不准离城20里，不准在外过夜，不准妇女依门看街，不准走家串户等。因此，据一些驻防地的老人回忆说，宣统以前，满族官兵不得随意出满城和汉族群众交往，汉人也不得随意进入满城，彼此间界限森严。这种做法产生的后果是，使驻防旗人与当地汉人之间的隔阂与戒备，就比在京师的旗、民之间更深。尤其是驻防南方各省的旗人，有的至今仍与当地汉人有隔膜之感，民族感情表现得比北京和东北三省的满族人更强烈。

尽管如此，民族间的交流也仍然是不可避免的。这种交流首先是在驻防的满、蒙、汉军旗人之间发生的。

八旗驻防有几种形式，一是由满洲旗兵单驻，但这种情况极少，只是清朝入关之初在畿辅一些人数较少的驻防地采取过，到康熙朝一般也都改为满洲与蒙古旗人合驻了。二是满、蒙合驻，都在清廷认为特别要害的地区，如京畿，如平定"三藩之乱"后的荆州等地。另外，雍正朝以后，由于北京旗人生活水平下降，出现生计问题，也曾将他们中的一些人调到外省驻防。这些被调的，一般也都是满、蒙旗人。三是满、蒙、汉合驻，一般在如西安、江宁等驻防兵员最多的地区。还有一种，是汉军单驻，如乾隆朝以前的广州和福州，因满洲兵丁人数有限，不敷分配，而且两地路途遥远，气候溽热，满蒙兵丁将其视为畏途，只调遣汉军，实出于不得已。

乾隆朝以后，清廷责令驻防汉军出旗为民，只有广州还留有部分汉军，其他驻防，就只剩满、蒙旗人了。

长期共处于满城之内而与当地其他人民相对隔绝

的生活，不仅使共同驻防一处的满、蒙、汉军旗人更紧密地结合在一起，甚至很多汉军单驻地的汉军旗人，从心理上与满族也比与当地汉人要远为贴近。如雍正年间派驻到福州马尾驻防的汉军水师营旗人，后裔至今仍聚居一村，他们坚持认为自己就是满族，是八旗兵的后代，常常向子孙追忆祖先当年的战功。尽管满语早已被废弃，但他们所讲的汉语，却与当地方言大不相同，当地人也无法听懂。一些老人保留着祖先在清朝获得的顶戴、敕书，村民们在饮食、丧葬等方面也有与当地人不同的习俗，甚至极少与当地汉人通婚。他们自己解释说，这都是从关外带来的满洲习俗。这种现象，在北京以及东北的满族自治县、自治乡中，却极少见到。相对隔绝的环境，反而激发了他们的民族感情，也使本民族的文化得到了相对多一些的保存。

不同之处固然存在，相融之处却占据了更大部分。满城虽然不能说是个单纯的兵营，但它毕竟只是个消费单位而不是生产单位，既然一切生活用品全需仰给于外界，与外界不发生往来，就是不可能的。所以，旗、民间的往来，便首先从经济交流上打开缺口。先是商人们逐渐向满城内外聚集，如雍正末年筹建绥远城（今呼和浩特）的八旗驻防时，汉、回和蒙古各族商人便随之纷纷涌入，在小小一块弹丸之地建起戏楼酒肆大小数十百区，终使绥远城发展成为口外的一个繁华闹市。新疆伊犁设立八旗驻防后，商贩也来来往往，络绎不绝。在北方一些重镇建立的八旗驻防，由于几千官兵聚集一处，粮草的需求大大加强，还刺激了流民的迁徙和垦荒。

满城的天地实在太狭小了,何况驻防旗人又被清廷规定不得务农、不得经商,甚至也不鼓励他们读书。除了练习武功之外,也尽量限制他们的娱乐活动,他们就像生活在一个鸟笼子里,生活的单调乏味是可想而知的。看一看外面的世界,与一些旗人以外的人交朋友的欲望,对有些旗人来说就变得十分强烈,于是有人不顾禁令,私自与满城外的汉人来往起来。在清朝官方文件中,记载了不少驻防旗人与汉人或者一起喝酒滋事,或者从事盗窃、抢劫、窝赃的案子。"沾染汉俗"的现象就更数不清了。例如最早设立八旗驻防的杭州,用当时满族统治者的话说,是一个"风俗柔华、人心刁谲"的地方。满城又建立在秀丽繁华的西子湖边,驻防的满蒙旗人,确实有些就像康熙帝申斥过的,每日以打马吊为戏,不整衣冠,不束腰带,一副萎靡不振的样子。但另一方面,"敦诗悦礼"也成为杭州驻防旗人中的风气,几乎代代都出现较有成就的文章经学之士,堪称各省驻防中最儒雅的一支。保留至今的每一地的八旗驻防志书,都有一栏专门记载驻防官兵中的文人和作品,放在一起,蔚为大观。嘉庆朝以后,满族统治者终于同意驻防旗人在驻防所在地参加科举考试,也是旗人中读书风气日渐兴盛的反映。

驻防旗人与当地汉人的通婚,早在雍正朝就有记载。当时,福州将军向朝廷奏报,说他管辖之下的汉军旗人中,与当地绿营兵或汉人结婚的已200余名,把女儿嫁给绿营兵的也有2人。雍正帝则认为,实际与汉人通婚的，还要多于此数。到乾隆以后，清廷因为汉军旗人尤其是东北汉军旗人与当地百姓通婚的事已经由来已久，只得听之任之，只是对满洲旗人还加以限制。在一些驻防地，满汉间互通婚姻的界限，是到同治朝以后才逐渐被打破的。

乾隆以后，满族统治者改变了以前的规定，将各地的八旗驻防由临时变为永久，朝廷允许他们在驻防地置办产业，还由国家出面为他们在驻防地购买土地作为墓地，同时也不再允许寡妇回京。这些驻防旗人从此就在驻防城市世世代代居住下来，直到今天。

 缠足、火葬与殉节

民族间的文化交融就像水，已渗透到人们生活的方方面面，而且往往是无形的。当两种文化已经交融到一起的时候，再想分清哪些是起源于哪个民族的，后来又受了哪个民族的影响，不仅是困难的，而且往往已经不可能了。我们只能从历史遗留的记载中，寻找到一些片断的、零散的残迹，再将它连缀起来，让人看到一个粗略的过程。

①缠足。努尔哈赤时期，有个朝鲜人曾去过后金的国都赫图阿拉，回国后写了一部著名的《建州闻见录》，提到了后金国的女人"执鞭驰马，不异于男"。满族人自己，也记载过努尔哈赤率领众"福晋"（即汉语的后、妃）行围狩猎，在他班师回朝时，众"福晋"骑马出城迎接的事宜。清初满族词人纳兰性德的词中，

也生动地描写了骑在马上的满族少女的神态。清初八旗兵丁征发频繁，也不时需要携带家眷，跟随男子东征西讨的满族妇女，估计都是骑马的。

骑马，当然就不能缠足。清朝入关之前，皇太极就颁布过禁止妇女裹足的命令，而且极其严厉。到了康熙年间，清廷又几次重申这条禁令，规定无论满汉，如果哪个女子违法裹足，她的父亲若是有官的，送交兵部和刑部议处；若是兵民，就送到刑部打20板，再流放，该管官员也要处以不同的责罚。处罚如此严厉，就如强迫剃发一样，遭到汉族官民相当强烈的抵触和非议。所以，当时就有汉族官员上疏，请求"宽民间女子裹足之禁"。以后对于汉族女子，这一禁令的确有所松弛，于是民间便缠足如故，而旗人妇女缠足，却一直是被严格禁止的。

清朝政府不准满族妇女缠足，汉人才有满族妇女"修头不修脚"之说。按照一般人的解释，"三寸金莲"无法骑马迁徙，清廷作此决定，是为了维持八旗的战斗力。但实际上，更有可能的解释，"男子剃头，女子天足"是满族统治者在汉族地区强制人民满化的重要措施，是让他们表示顺从的标志。

也许还有一个原因，就是两个民族在审美情趣上的差异。满族学者金启孮的《北京郊区的满族》一书（内蒙古大学出版社1989年版），在讲到北京西郊蓝靛厂外火器营的满族妇女时，写过这样一段话："她们有胆量、能干，她们佩服泼辣、利害的妇女，正和营兵佩服'好样的'男人一样，这恐怕是满洲原来性格的遗留。犹记得有一次我和一位同族的前辈闲谈《红楼梦》时，我说：'曹雪芹这个人真怪，他竟喜欢凤姐、探春那样厉害的女人！'这位前辈笑道：'从时间上讲，曹雪芹身上的满洲血，也许比你和我身上的要多而且纯吧，你想是不是？'"这当然与血是否多而纯并无直接关系，但曹雪芹评价妇女的标准，的确是当时满人的标准。《红楼梦》说，女儿是水做的骨肉，但曹雪芹所赞美的，主要是女儿的"清爽"，而不是一般汉人所理解的"温柔"。这部书，往往在这些地方流露出一些与汉人迥异的审美观念。

　　刚入关的满族统治者看不惯汉族的小脚女人，他们唯恐自己民族的妇女也变成这个样子。但是，审美观念是变化最大、最靠不住的东西，入关不久，虽然缠足令人苦不堪言，却已有不少满族妇女开始甘愿受罚，起而仿效，这应该是男子对妇女评价的标准起了变化的反映。到嘉庆朝，当清宫最后一次从汉军旗人中挑选秀女时（此后就只从满洲和蒙古旗女中挑选了），仅镶黄旗一旗的汉军旗女中，就发现有19人缠足。照嘉庆帝的推想，一旗就有这么多，其余七旗，想也不免。既然未见奏报，想是该管大臣疏于稽查所致。于是将各旗上至都统、下至佐领，统统交部议处。至于这些旗女的父亲，本来也该治罪的，想他们一直住在乡下，沾染了太多汉习，这次就加恩免议了，只是下不为例，如果再敢无视禁令，必将严惩不贷！禁令虽严，却禁而不止。道光以后，连满洲妇女也效法汉人缠足了。而这正是汉族一些有识之士开始觉悟并猛烈抨击妇女缠足恶习之时。

②火葬。任何民族对于来世都有一种恐惧感和神秘感，认为死去的祖先会保佑或危害自己的子孙，这就直接影响到人们对死人的处理，出现了各种各样的葬俗。东北各少数民族流行着大体相似的葬式，其中最常见的是树葬和火葬。金代女真人则流行二次葬，就是人亡故后先行树葬，然后再将遗骨收集到一起，复行土葬。在明代的女真人中，流行的葬俗仍然呈现多样化的特征，如今已知的就有树葬、火葬和不用棺椁的土葬等，其中建州女真是盛行火葬的。《建州闻见录》有记载说，他们在人死的第二天就送到野外，然后烧掉。死在关外的努尔哈赤和皇太极，都是先火化，然后再修建陵寝，将火化后的骨殖埋葬其内。这种葬俗，被满人一直带到了关内。

初入关的满族统治者并不认为火葬有什么丑恶，顺治朝时，清政府公布过一个丧葬条例，公开表示允许官民火葬，这当然是指满人而言。以后顺治帝和他的孝康、端敬皇后死后，也都行火葬，所以记载上说安放到地宫的，不是他们的遗体，而是"宝宫"。

事实上，初入关时的满族，即使想效法汉俗实行土葬也是不可能的。战乱频仍的清初，有成批八旗兵丁战死疆场，后来清朝在各省设立八旗驻防，又规定驻防旗人死后不能在当地安葬，不得在当地修建坟茔。在这种情况下，让八旗寡妇"扶柩"运载尸体回京确实困难。所以，在八旗中，火葬一直颇为盛行。

汉族人极其忌讳火葬，主要是出于传统观念。汉人对尸体残缺已经难以容忍，所以对已死之人"戮尸"，也算是一种刑罚。而焚尸则比戮尸来得更严重，是对先人的极大侮辱。不仅在感情上无法接受，而且生怕得罪了冥冥之中的先人，为后人带来灾祸。对于满族的火葬，他们不认为是不同民族的习俗，而看成是野蛮的表现，连受到儒家文化日益深刻影响的满族统治者，也逐渐以火葬为耻了。所以，到乾隆帝即位时，就发布了禁止八旗人丁再行火葬的诏令。诏令说，本朝原来实行火葬，实在是出于不得已，因为迁徙无常，遇到父母之丧，弃之不忍，携之又不能，只好火化，以便随身奉持。如今八旗满洲与蒙古既然已经都安居下来，以后除了远乡的穷人不能扶柩回乡，不得已而携骨归葬不禁以外，其余人一律不准再行火化，有违犯的，按律治罪。

乾隆帝颁布这条禁令时，清廷也正在八旗驻防地为旗人购置坟地，随着驻防从临时向固定的转化，八旗人丁已经有了实行土葬的条件。从此时起，旗人的葬式就向汉俗演变，到清朝后期，与汉族已经没有什么区别了。至今，有些地方的满族，一直误认为土葬是本民族的传统习俗，当他们所居地区的汉族已改行火葬时，他们竟集体向当地政府请求允许土葬，理由便是"应该尊重少数民族的传统习俗"，可见民族习俗并不是一成不变的。

其实有清一代，就是在汉族的一些地区，也曾有火葬流行。广东的穷人因没有坟地，有实行火葬和水葬的；浙江的嘉兴府是盛产蚕桑的地区，人口稠密，所以也曾有火葬之举，这些做法，曾遭到地方官的严厉禁绝，也有不少文人为此写文章疾呼制止，却屡禁而不能止，当然是由于它确有其合理性。

③殉节。满族统治者在接受汉族封建伦理观念时，并不是全无保留的，他们曾希望摒弃其中一些明显属于陋俗的内容，因为再先进的国家和民族，在风俗中也会有些东西并不可取。这样的例子还可举出一个，就是对妇女"守节"问题的态度。明朝以来，汉族社会对妇女"贞节"的要求，已达到无视人性的地步，不仅夫死之后妇女改嫁要受舆论谴责，就是未婚少女，只要已经许聘，未婚夫因故死亡，也要为其守节。许多寡妇唯恐因受人逼迫"失节"，或因贫穷无法生活，只好在丈夫死时自杀，这就是"殉节"。这种行为竟受到政府表彰，不仅予以建坊旌表，有的还给予家属在征收赋税等方面的优待。有些家长居然为了名利，逼迫女儿殉节。这与汉族妇女的缠足一样，属于封建礼教中最黑暗的内容。

满族入关前存在过人殉的情况，这与汉族的"殉节"属两种不同社会阶段的产物，不能等同。入关之后，满族在逐渐摒弃自己陋习的同时，也面临着如何对待妇女"贞节"的问题。这个问题既然是封建伦理中不可缺少的组成部分，满族统治者当然也只能以倡导为主。

顺治十年（1653年），清廷首次正式旌表了30名八旗的烈女和节妇，然后又将此举延及到宗室，公布了一批宗室中的烈妇，也就是夫亡之后殉死的妇女。

但这些所谓烈妇,与其说是在汉族封建礼教影响下自愿殉节,倒不如说仍是满族旧俗中奴仆殉主的牺牲品更确切些,所谓旌表云云,其实主要是做给汉人看的。此时的满族社会尚未脱尽传统旧俗的羁绊,"收继婚"等习俗仍然颇有影响。当时众说纷纭的顺治帝之母孝庄文皇后下嫁其小叔摄政王多尔衮一事,据历史学家考证,就完全可能确有其事。人殉习俗仍然存在,自然也是有可能的了。

康熙帝下谕禁止了满族传统上用奴仆殉葬的恶俗,并且大力在满、汉民族中提倡理学,倡导封建的伦理观念,但他对于汉族封建礼教中的某些内容并不赞同,对于妇女为死去的丈夫殉节,他明确表示了不同意见。他说人命是至关重大的,轻生从死属于反常之事,如果再宣扬之、旌表之,死亡的人就会越来越多,为了制止这种行为,他下令对殉节妇女旌表一事,永行禁止。

康熙帝的继任者雍正帝,不仅对妇女殉节一事非常反感,就是对妇女"从一而终"的守节行为,也只同意在汉族的范围之内提倡,却不肯提倡满族妇女守节。他反对对八旗寡妇不加区别一律给予补助的做法,说这样会使其中年轻又想嫁人的寡妇处于两难境地,甚至使她们贻误终身。他规定以后只有那些已经生有子女,并且年过40的寡妇,国家才能予以生活补助,这简直有强迫青年寡妇改嫁之意了。雍正也坚决反对寡妇为夫殉死,他说夫死之后,妇人对于老人子女,本该承担更重的责任,如此轻生,就是放弃责任,就是不孝，怎么还能表彰呢？这种态度，被后来的皇帝继承下来，直到咸丰朝。

可是，汉族的影响实在难于抵御。乾隆朝以后，满族社会对妇女贞节的要求，就已经比汉族有过之而无不及了。以《八旗通志》所载八旗"烈女"人数来看，已经超过了顺、康、雍三朝的总和，其中包括夫死殉节的"烈妇"、守寡多年的"节妇"、未婚守节的"贞女"以及尚未成婚即为夫殉死或因守贞而死的"烈女"等。这些妇女人数之多是惊人的。明朝被公认为是封建礼教统治最严酷的朝代，但近300年中，全国旌表的节妇烈女，总共不过3500余人，而清朝八旗人口在全国人口总数中所占比例不足1%，仅在乾隆一朝，竟出现了7600余名烈女节妇！

 **萨满教的兴衰**

满族早期一度流行的萨满崇拜，在皇太极时期就因遭受到严厉的打击而开始衰落，但衰落并不等于消亡，直到清军入关之后，在满族的社会生活和精神生活中，仍然能够感觉到它的影响。

清朝入关后，为表示自己接续了中原封建王朝的正统，所以全盘接受了汉族帝王的一整套所谓从《周礼》沿袭下来的传统祭祀礼仪，包括冬至日到天坛祭天，夏至日到地坛祭地，还有祭日月、祭先农、先蚕等。这种一年四季井然有序的祭礼，带有非常明显的农耕民族的特征，并不能完全适应征战四方的骑马民族的精神需求。所以，满族并没有将原有的旧俗完全抛弃，刚入关的时候，至少每逢出征凯旋和为子孙祈福等情况，他们还是愿意去"自己的"的神灵面前祷祝，只是在皇家的祭典中，将传统旧俗在形式上加以改头换面，并将其纳入了国家的正式祭典中。这样，从国家来说，就具有了并行不悖的两套祭礼，而从满族内部来说，萨满信仰从此开始产生了分野，分成了以宫廷堂子祭祀为代表的贵族信仰和下层旗人的民间信仰两类。

入关之前，满洲皇室曾于盛京专设堂子，用于举行最隆重的国家大典，如祭天、出征等，平时则在帝后的居所清宁宫的正殿内设置神位，用来祭菩萨、佛、先祖。入关后，这套祭祀旧礼也被沿用下来，专门修建了堂子，并在坤宁宫设立了众神之位。

堂子是在满族入关当年（1644年）于京城的长安左门外建起的，这一清皇室的固定祭祀场所，后来被汉人传得神乎其神。其实，堂子所祭神祇虽然相当庞杂，但并不像传说的那样诡秘，其中有萨满教固有的神灵，也有不少外来神祇，如关圣帝君、佛祖、观音菩萨等。康熙十二年（1673年）起，规定不再允许汉官参加堂子祭祀，也不准官员和百姓设立堂子，从此以后，堂子才成为满洲皇帝祭祀的专用场所。

就是这样一个旨在保留满洲旧制的地方，汉族的影响也仍是明显的。北京的堂子，主要建筑为三殿，其中最重要的是中间的圜殿，用于拜天，另有一座方形殿，汇祀众神，暗与"天圆地方"的观念相合，所以后来写《啸亭杂录》的礼亲王昭梿，才会强调它"名曰堂子，实与古明堂会祀群臣之制相符"。堂子的祭礼，最初都用满语，到乾隆以后改用汉语。嘉庆以后，虽然祭祀仍然举行，但萨满跳神已经非常罕见了。

坤宁宫的萨满祭祀，形式和内容都与入关前在盛京清宁宫的祭祀相同。供奉的偶像，有朝祭神和夕祭神之分，朝祭神有佛祖、观音和关圣帝，大多属外来神祇；夕祭神就种类繁多了，有穆哩罕诸神、画像神、蒙古神等。祭礼则包括柳枝求福仪，也叫做"换索仪"，是为满族的子孙娘娘"佛多妈妈"所设的专祭，由萨满太太专司其事。又有背灯祭，即夕祭后掩灭灯火举行，这是萨满教流传下来的古风之一。此外如杀牲、吃祭肉，也保留了满族古老祭礼的一些特色。

乾隆十二年（1747年），清廷下诏编撰《满洲祭神祭天典礼》，乾隆四十二年，又令大学士阿桂等人将该书内容由满文译成汉文。这部书完成于乾隆四十五年，被收入《四库全书》，与《大清通礼》相辅而行。满族统治者的目的，是以此来为满洲的祭祀提供一个标准，使复杂、多样的祭祀礼仪规范化。这是满族统治者在乾隆朝制定的保持"国语骑射"、抵制汉化的基本国策中包括的重要措施之一。但是，经过这样一番规范的萨满祭祀，已经变得繁琐重复，毫无生气，成为徒具形式的古董，再谈不上是一种信仰了。

终清一代，满、汉的两套祭礼在朝廷中都是并行的，但这并不意味着二者的地位就都相同。入关之初，满洲的堂子祭祀等显然是最隆重的大祀,尤其是元旦拜天和出师凯旋,都是要皇帝亲自前往的。但到后来,天平却向汉族那套传统祭祀礼仪倾斜了,康熙帝亲征噶尔丹以及班师回京,就都没有留下祭堂子的记载。此后的祭堂子,一般都由大臣代替,几乎是一种虚应故事了。相反,对于汉族王朝的祭祀礼仪,清朝统治者却颇为上心,程度甚至超过明朝对礼仪的重视程度。乾隆时,因为郊庙所用的祭器只是徒有《周礼》之名,其实却都是用瓷盘代替的,清廷曾不惜花费重金,根据古礼重新烧制,使以后的各种祭祀都用上了与古礼器相符的祭器。乾隆帝每遇大典,事必躬亲,没有哪个明朝皇帝能够做到这一点。

民间的萨满信仰,在满族入关之后,却与宫廷萨满走上了不同的道路。清军入关,萨满信仰也跟随大批举家合族迁徙的满洲兵丁,进入了北京和各个八旗驻防地。此后,在汉族文化的汪洋大海中,在满族急剧封建化的过程中,它也不可避免地被佛教、道教乃至汉地巫术所淹没。不过,由于八旗制度对旗人的束缚,满族人民始终居住于相对封闭的聚居区内,自成一个小社会。加上他们固有的民族意识以及作为统治民族特有的优越感,使萨满教的遗风旧俗,甚至在满族语言都已无法保存的时候,却仍然得以流传。

与宫廷萨满祭祀相反的是,满族民间的祭祀仪礼不是日趋繁琐,而是比清初大为简化了。在京旗一般家庭中,祖神的画像已被香碟代替,祭天也不像清初那样于院外设立神竿,而是改在屋内,向门设神桌一张,上设香碟,"神竿"是用三根秫秸捆成一把,再于上面捆一横拐充作神斗。祭祀用的猪胆一类也捆在横拐上,再供奉在神桌上。祭毕之后撤去神桌,将神竿扔在房上。这些秫秸,只是一种象征性的物件了。

八旗内部包含了不同的民族来源,其中的八旗满洲、八旗蒙古与八旗汉军,是始终存在差异的。这种民族意识,可能在祭祀礼仪中积淀最深。譬如同为祭祀,满洲、汉军皆用猪,八旗蒙古就用羊。内务府的"陈汉军"满化程度最深,祭祀时从满洲礼的占十之七八,而汉军八旗从满洲礼的却只占十之一二。即使同为汉军,新、陈(按归附早晚区分)之间也有区别,如黑龙江省呼兰地区,新汉军只供奉祖先,陈汉军则祭财神、祖先、痘神,还有九圣神、圣帝佛、山神等名色,其实都是汉族民间信仰的东西。另外,汉军旗人祭礼甚简,只用一猪,也不用萨满主祭。有的地方的汉军,祭祖在祠堂,祭祖先在墓地,行的其实都是汉族封建礼教的规矩。

汉族的影响,在这个民族意识积淀最深的领域之内,也在一步一步地,但却顽强地浸透着,以新旧满洲的萨满祭祀相对比,就可清楚看出汉族文化浸染的程度。

同为满洲,新旧之间(新满洲,即"伊彻满洲",大多是清军入关后被清廷收编的东北少数民族部落;陈满洲,满语称"佛满洲",大多是于皇太极以前归附后金,编入旗下的)的祭祀,有着显而易见的差别。当陈满洲的萨满教已趋衰落,在融入其他宗教、信仰的过程中变得面目模糊时,主体为"野人女真"后裔的新满洲的宗教观念,却保持了比较原始的形态,能够更真实地再现满族萨满教的本来面目。两相比较,新满洲的礼仪俭朴,但显得庄重、肃穆,宗教气氛浓厚,而陈满洲的仪式豪华、热闹,倒更像是族人的节日了。除了祭祖、祭神竿,陈满洲对其他神灵的祭祀如祭星、换锁、祭树、马祭一类已逐渐淡漠,他们头脑中已越来越多地充塞了观世音、关圣帝君以及汉族信仰中形形色色的角色。对他们的先辈曾经尊奉过的那个充满了自然神和动物神的丰富而神秘的世界,已经十分隔膜,我们只有在新满洲的信仰中,还能看到这个神秘世界的某些遗存。

四 语言与文学的交融

 满语的变迁

人们一般都认为,清朝入关以后,因为满族人都开始学习汉语,满语就一蹶不振了。这是失之于简单的。事实上,入关以后,作为统治民族的统治需要,生活空间的大大拓宽,以及汉族语言无孔不入的影响,满语,就其语言本身来说,曾经有过一个大发展的时期。

自从皇太极命达海改革满文之后,清朝统治者就曾在满族人中大力提倡和推行新满文,但从老满文向新满文的转变,需要一个适应过程,这个过程大抵是到顺治入关之后才完成的。此后的几个皇帝,对满文都曾予以极大的关注。虽然据说康熙帝能够熟练地进行满汉互译,但实际上他的满文水平是超过汉文的。他在位期间的一大功绩,是首倡编纂了历时30余年方告完成的《清文鉴》。这是一部大型辞书,是满文译学中的一部纲领性巨著,对后来两体、三体、四体《清文鉴》和《清文汇书》、《清文补汇》等满文辞书的编

纂，打下了坚实的基础。乾隆时不仅大力推行满文，而且靠清朝政府的命令规范满文。他将音译汉语借词陆续改为意译汉语借词，丰富了满文的构词材料和构词方法。还统一了人名、地名的满汉字对译，使满文发展到了一个新阶段。

不可否认的是，满语也就是在乾隆朝发展到顶点之后，开始走下坡路的。清朝统治者特别在此时将保持"国语骑射"作为一项政策提出来，恰恰说明了满族用以保持自己传统以与汉族等其他民族相区别的特点已经不能保持了。其中最突出的就是语言。

入关之后，满族上上下下，都生活在为数广大的汉族人民的包围之中，不通汉语实在不便，而他们学习和掌握汉语的速度之快，也颇为惊人，这充分体现了这个民族善于学习和积极向上的特点。

清入关之初的满人在积极学习汉语的同时，很多人也通晓本族语言，满汉兼通是当时旗人尤其是八旗贵族、满洲官员和知识分子的特点。这一方面出于统治需要，另一方面，他们中的很多人也有着仰慕汉文化，以讲汉语为荣的心理。康熙十年（1671年），因各满洲官员俱通汉语，清廷下令裁去了中央各部院和各省将军衙门专门负责翻译满汉文的"通事"，这从侧面说明了满洲官员的汉语达到的水平。一些士大夫上朝时讲论儒家经史，回到家阅读汉文小说，已经蔚然成风。到康熙末年，生活在北京城内大街小巷中的旗人，也已皆能汉语，他们的孩子，从小在这种环境长大，汉语固然不错，却有很多人不再会讲满语了。

变化就是这样逐渐产生的。康熙时,据说已有一些皇室贵族不会骑射,也不谙满语,但这种现象毕竟还是个别的。满语的被放弃,首先发生在原本讲汉语,后来被满族统治者强行要求学习满语的汉军旗人之间。

清军入关后,满族统治者曾在汉军八旗内着力推行满文满语,也颇有成效。雍正时,很多汉军旗人尤其是在各地驻防的旗人,因不再有讲满语的语言环境,很快就将满语放弃了。广州将军曾向朝廷奏报说,八旗兵丁自从康熙二十二年(1683年)进驻广州以来,子弟多在广州生长,不但自己不会讲满语,也很少听到人说满语,所以耳音生疏,口吻也不便捷,即使有聪明伶俐善于学习的,也得不到合适的人为之教习,所以如今的兵丁,除了本身履历之外,不过只言片语还能应付,如问以相连的话,就不能对答了。福州驻防在雍正九年准备提拔一批旗兵为领催(八旗的一种小官),结果其中除了10余人能用满语简单叙述自己的履历之外,全不能用满语对答。这种情况,也开始出现在一些满洲人中间,如被选任知县的旗人艾深,在皇帝引见时,即使用满语奏对简单的履历也已经不能了。

满、蒙旗人不晓满语的情况,总的来说要比汉军旗人出现得晚。在京师,乾隆初年很多满洲官员已不愿学习满语,在办公处所听到的全是汉语。饶有兴味的是,由于久居汉地,很多京师的旗人即使讲满语,发音也不纯正,往往带上汉语的口音。如京师健锐营的旗兵讲满语时,常出现"音韵错谬"的问题,很多人发音不以满洲正韵为主，而是音近汉人语气。乾隆帝将这种现象说成是满汉语言风尚"渐渍"，也就是互相吸收渗透的结果，倒是很恰如其分的。因为此时，京师汉人的语汇中，也吸收了不少满语的腔调和词汇。

乾隆中叶以后，在驻防旗人中，满语开始迅速衰微。一些驻防八旗的官员中，用汉语缮写奏折似乎已成一种风气，即使满洲将领调遣满洲兵丁作战，也用汉语书写。乾隆帝对这种风气虽然深恶痛绝，但除了再三申斥之外，也提不出什么有效措施。从乾隆二十二年（1757年）到四十年（1775年）前后，清廷曾从北京、西安、宁夏、凉州等地派遣八旗兵丁3万余人到新疆驻防，据当地父老说，这些满族兵丁到新疆时，已不再采用本民族语言，而是操原来居住地区的汉语，只是有些句子中还夹杂一些满语词汇。乾隆帝对此痛心疾首，他曾针对驻防新疆的满洲大臣不通满语的情况，加以训斥。驻防新疆各城的都是满洲大臣，如此不通自己民族的语言，让当地回回、哈萨克诸部耻笑，实在太失满洲脸面了。可是即使丢人，为了把问题表达清楚，不致误事，乾隆帝对大臣用汉语书写奏折也只能睁一只眼，闭一只眼。到乾隆末年，有些满族大臣不仅说不好满语，甚至动作体态也不像旗人，竟是一派"汉人气象"了。不过，在乾隆朝，满语毕竟还是考核官员和挑取甲兵的重要条件，还为朝廷和地方所沿用。

嘉庆亲政后，一再提到满人不懂满语的情况。他说，过去满洲都通晓满语，能将小说、古词翻译成篇，如今不但不能翻译，甚至满话生疏，不识清字。有的满洲将军向皇帝所上奏折也用汉语书写。但是，此时清朝的统治已经开始走下坡路，统治者已无力像乾隆时那样，对语言一类问题严加督促，满语的衰落形势，直如江河日下，不可扭转。嘉庆十八年（1813年）夏至到地坛祭祀时，宗室永璘竟因没有看懂满文的"视牲"二字，未能遵旨前往，被嘉庆帝给予罚俸一年的处分。为督促旗人学习满语，清廷曾在各旗设立义学，可是到嘉庆朝时，义学的教习中也有人不懂满语了。当时曾有官员向嘉庆帝提出极不合时宜的建议，说应该让天下士子皆读满文书籍。嘉庆帝回答说，如今满族人尚且对满文不能通晓，又何必让汉人学习，强人所难呢？可见，此时与清朝入关时满族统治者强制汉人学习满语时的气势，实在不可同日而语了。

满语专家一般认为，满语的衰落有个渐变的过程，在不同地区衰落的时间和程度都有差异。但从总体而言，应是在道光时期，因为从官方文献来看，从这时起满文档案明显减少，汉文文件占了大多数。道光帝曾经痛骂专习汉文的旗人，说这些人既不晓清语，又不识清字，岂有自命为旗人之理，真是"实堪痛恨"，但骂归骂，实际上却也无可奈何。他曾想了解满洲官员知晓清文的程度，于是谕令满洲侍郎以下至五品京堂官员进内考试，结果，翻译通顺和稍有错误的只占十之三四，不能落笔者竟过半。此时，福州驻防的满洲八旗官兵竟相学习汉文，懂满文的已寥寥无几；广州驻防的情况也是一样，以至道光帝惊叹，怎么驻防广州的 5000 余名八旗官兵，竟没有一个识清字的？

如果说晚清以前，无论民间如何，至少朝廷还将满语作为国语，皇帝对此还能运用自如的话，那么自光绪朝以后，即使在宫廷之内，满语也逐渐被废弃不用了。据说叶赫那拉氏对于满语就认识肤浅，甚至到"差不多可以说完全不识"的地步。她批阅文件只批汉文，不阅满文，"垂帘听政"几十年的太后如此，无怪乎满语终于丧失了国语的地位。1900 年，清政府与八国联军签订的庚子条约备有法、英、德、汉 4 种文字的文件各一份，已不再有满文了。

关外满族使用满语的时间较久一些，但是到乾隆以后，由于汉族文人和农民大量出关，八旗官兵的满语水平也在急剧下降。以清朝的根本重地盛京而言，许多满人已经不能熟练运用满语满文，不但前去垦荒的民人不讲满语，就是旗人也不愿讲了。盛京有个满语地名叫玛尔屯，当地人都以"马二屯"称呼，误以为这是个汉语地名。即使远至黑龙江，到嘉、道以后，懂满语的人也已经寥寥无几，因为满人都会说汉语了。在黑龙江省开发最早、号称江省粮仓的呼兰地区，其旗营的官方档案，自乾隆初年至咸丰末年都用满文，汉军和官庄壮丁虽操汉语，但文字仍用满文。同治朝以后则满汉文兼用。光绪中叶，语言文字就已经俱从汉俗，满洲人能讲满语的只有 1%，而从总人口看，懂满语的则只有 1‰~2‰左右了。

从形式上看，近代以后，除了东北满族聚居的农村还有部分人讲满语之外，满语确实是几乎消失了。

实际上从清中叶开始,它就在逐渐地融入汉语中,丰富了汉语词汇,变化了汉语语调,最突出的,就是如今的"北京话"。很多研究民族语言的专家都认为,北京话正是满语融入汉语之后的产物,这并不仅仅是指北京话中吸收了大量的满语词汇,尤其是指北京话中所表现出的那种北京旗人特有的神韵,例如颇具特色的敬语"您"字,就是在汉语"你"字的基础上,吸收满语语调转化成的。对北京话的这种特点,满族著名作家老舍在自传体小说《正红旗下》中曾有过一段描写:

> 至于北京话呀,他(指书中人物福海二哥)说的是那么漂亮,以至使人认为他是这种高贵语言的创造者。即使这与历史不大相合,至少他也应该分享"京腔"创造者的一份儿荣誉。是的,他的前辈们不但把一些满文词儿收纳在汉语之中,而且创造了一种轻脆快当的腔调;到了他这一辈,这腔调有时候过于轻脆快当,以至有时候使外乡人听不大清楚。

老舍对自己民族这种堪称为"世界上最优美的语言之一"的北京话所作出的贡献感到十分的自豪。

东北的地方汉语,本来是由从各地蜂涌出关的汉人所讲的不同的家乡话混杂而成的,而满语对这种方言的形成起到了不可忽视的作用。东北话中保存着比北京话中更多的满语借词,许多满语词汇至今都是当地汉语日常交际中不可缺少的。

清朝时大量满汉对译作品的出现,是满汉文化交流最具体的表现形式,它不仅丰富了满语语汇,也增加了汉语新词。清朝政府的重要文献,都要分写满、蒙、汉三种文字各一份,一般先有汉文的,由汉译满,再由满译蒙;先有蒙文的,则由蒙译满,再由满译汉,满文实际起了沟通汉、满、蒙三族文化的作用。有些满译汉文小说,原来的汉文本已经失传,满译本起了保存原书的作用。满语满文在促进满汉两族以及满族与国内其他各民族之间的交流方面,是功不可没的。

 姓氏与人名的演化

与语言的改变同样令清朝统治者忧虑的,是满族在姓氏与人名上也效法汉俗而忘记了"根本"。

满族兴起之初,曾经大量吸收各民族、各部落成员加入自己的共同体,其中就包括为数甚众的汉人。他们入旗并逐渐满化的一个重要标志,就是放弃汉人所最看重的姓氏而随满姓,取满名。入关以后,这种风气曾长盛不衰,至少延续到清朝中叶。但此时,随着与汉人的交往日益密切,满族改汉姓、取汉名的也越来越多,成为越演越烈的风气。这种现象,关系到民族界限泯灭的大问题,所以与满语的衰落一样,引起了清朝统治者的莫大关注,也曾为此采取过不少措施,但结果也像满语的衰落一样,唯有徒唤奈何而已。

八旗满洲的姓,是指姓氏,即满语的"哈拉"

(hala)，多取之于部名或地名，如住在叶赫地方的那拉氏，姓叶赫那拉氏；而住在辉发河附近的那拉氏，则姓辉发那拉氏；满洲有瓜尔佳氏，又有苏完瓜尔佳氏，后者因是苏完部的，就在瓜尔佳之上又冠以"苏完"以与前者相区别。

人称满族习俗是"称名不举姓"，如努尔哈赤是名，他的姓即hala，是爱新觉罗；又如康熙时的一个满洲将领叫穆成额，他的姓不是穆，而是那木都鲁，同时的另一个也叫穆成额者，则姓萨尔察，等等。满族不举姓，有人说是自氏族社会传下的旧俗，因为当时人们聚族而居，没有举姓的必要；也有人说是受蒙古人的影响，因为蒙古人是不举姓的。无论如何，因相沿日久，已成为八旗满洲、八旗蒙古和八旗汉军的共同风尚。在八旗姓氏中，从女真姓承袭下来的是大多数，但从16世纪以后，也加进了不少蒙古姓，如博尔济吉特氏，原来就是蒙古黄金家族——成吉思汗家族的姓，后来也在满族姓氏中出现了。皇太极以后，又加入了索伦、锡伯、赫哲的姓，甚至还有朝鲜姓，这正是满族这一新的共同体吸收了众多民族成分的一个生动证明。

满族姓氏中有大量的汉姓，有些来源相当古老，如董鄂氏，相传是女真时被掳的宋宗室之后；觉罗氏，满族都说"觉罗姓赵"，有人推测说是金代时迁入女真地区的汉人后裔。还有些汉族女子因嫁入女真人家，就成为"某佳氏"，早期归附满洲的汉军旗人，一般也都在本姓之后加上"佳"或"尔佳"，成为佟佳氏、王佳氏、张尔佳氏等。"佳"就是"家",佟佳、王佳,其实就是俗称的"老佟家的"、"老王家的",我国北方都有这种称呼习惯。按照汉族的传统观念,姓氏因与祖宗相关,是极其重要的,改姓意味着忘记祖宗,深为人所不齿,而入旗的汉军率多改姓,亦可见其满化的决心和程度。也有的入旗汉人虽然没有改易姓氏,却按照满族习俗,去姓称名,如前面提到过的台尼堪王国祚,从孙辈开始就不称姓,而取名阿玉锡、性桂、德清等。乾隆朝修《八旗满洲氏族通谱》时在书前凡例中提到,凡蒙古、高丽、尼堪(即汉人之意)、台尼堪(守台的汉人)、抚顺尼堪等,从前入于满洲旗分内,历年久远的,都已将他们的来历详细注明,附在了满洲姓氏之后。该谱所收的汉姓有243个,被称为满洲旗内汉姓,显然被纳入八旗姓氏的组成部分了。

据说,《八旗满洲氏族通谱》中所收的女真姓氏,只占十分之二三,汉族等新成分的加入,使满族的姓氏大大地丰富了。

满人改用汉姓汉名的情况,是在他们逐渐放弃本民族语言改而习用汉语之后才出现的,大抵发生在乾隆朝,到嘉庆以后开始普遍起来。

乾隆以后,由于在汉地生活时间太久,很多满族子弟,或者已经不知满族还有"称名不举姓"的旧俗,或者因为姓氏不常被提及,已经忘记了自己的老姓,还有的则是故意效仿汉人,往往径直将自己名字的头一个字就当作姓,以至乾隆皇帝特别下诏,为他们讲述什么是满族的姓,又什么是名,此等事情竟需皇帝出面讲解,未免过于荒唐了。

更荒唐的是,到嘉庆朝时,很多宗室甚至对自己声名赫赫的老姓——爱新觉罗,也已经茫然无知。有个宗室子弟名图克坦,人称赵大,问他何以如此称呼,回答说赵姓是百家姓之首,宗室既然至高无上,必然是姓赵无疑;清代规定宗室都系黄带子以与其他人相区别,于是就有宗室在自己名字之前冠以黄姓,什么六黄、七黄,嘉庆帝曾因此而龙颜大怒,下令此后再有宗室以赵、黄为姓的,一定要"痛加禁止"。

由于满族的家族观念很强,又极重视修家谱,在清朝灭亡以前,真正将老姓忘掉的,除了养尊处优的宗室之外,恐怕不多。但将原来的满洲姓氏顺从汉人姓氏习惯,改成相应汉姓的,则比比皆是。其改法大抵有如下两种:一是意译,如萨察氏。因萨察的满语原意为"盔",加以修饰,即用"魁"为姓;宁古塔氏,满语原意是"六",就改姓为刘;乌雅氏,满语为猪,就改为姓朱,等等。再如钮祜禄氏改姓为郎一事,曾被乾隆帝拿来作例子教训满洲子弟,说汉人因为知道"钮赫"是"狼"的意思,就喊他们为狼,本来含有鄙薄之意。岂料钮祜禄氏的不肖子孙们,竟然也自称姓郎,甚至以郎字命名,真是不知好歹,自忘根本。可是后来的钮祜禄氏,还是都改姓为郎了。二是取本姓的第一字为单字姓,如舒穆禄氏、舒舒觉罗氏改为舒氏;富察氏改为富氏;董鄂氏改为董氏等;或者以谐音字来代替,如裕瑚鲁氏改姓于,布尼氏改姓卜等,以至最终连清朝皇室爱新觉罗也改以金、肇为姓了。

满族虽然已经按照汉族习俗将姓氏改成了单字，但是直至如今，人们一听到姓金、郎、索、赵、富、那等姓，还是很容易就能判断出这是满族人。

满人的命名，最初曾受蒙古影响，有的就直取蒙名，最著名的是建州女真的孟特穆，就是蒙古人常用于取名的"蒙哥铁木儿"。按女真人的旧俗，取名是颇为随意的，往往就人的排行或身体的某个特征取名，如费扬古，意为"老疙瘩"，即幼子，富勒塔，意为"烂眼"。这种情景，其实在汉族民间也经常可见。此外，满族命名常用数字，如某人出生时，其祖父是70岁，他的名字就叫"那丹珠"，即满语的七十之意。后来也有用汉语的，如祖父时年62岁，就取名为六十二。

入关以后，一些旗人开始觉得自己本族的命名习惯太粗鄙了，于是将汉人常用的平安吉庆、福禄寿喜一类字眼运用到名字之中。当时时兴的名字有"额勒贺（平安）"、"诺亲"（平稳）等。到清朝后期，就索性以汉字起名了。

姓什么姓，取什么名，本来纯属个人私事，但乾隆及以后诸帝却将它看成为保持"国语骑射"传统的一个重要因素，而不敢掉以轻心。为划清满、汉名字的界限，满族统治者曾作出不少专门的规定。如乾隆二十年（1755年），乾隆帝颁谕说，满洲姓氏从来都是取满语与汉字对音来书写汉字的，不准依附汉姓，有意牵混。他还要求旗人名字的第一个字不准用汉族的姓,以免被误解,如当时有旗人取名"陶光",陶是汉人常见的姓,又有旗人名"郭布亨",郭也容易令人联想到汉族的郭姓,都受到了乾隆帝的斥责。乾隆帝还规定旗人取名时只准用两个字,以与汉人名字用三个字相区别,如当时的贵州按察使喜崇福进京谒见时,乾隆帝一听其名,就指责说,"喜崇福三字,竟似汉人名",命令他改了满文名字尼堪富什浑。

当时旗人取名时还有一种风气,就是常将名字的头一个字几代人传用,如大学士阿桂,其父名阿克敦,其子名阿迪斯、阿弥达,三代人名字的首字都是阿。乾隆帝认为虽然阿字不见于汉族的《百家姓》,但这样通用下来,时间一久,也会成为一户新姓,所以他命令阿桂日后不准孙子的名字首字再用"阿"字。后来人们常有"旗人父子不同姓"、"满族一辈一姓"这类误解,就是由几代人共用名字首字的习俗而来的。

在乾隆、嘉庆两朝的上谕中,多次看到有关旗人"效法汉人习气"更改汉姓汉名的情况,皇帝虽然将其上纲到"数典忘祖"的高度,痛骂这些人为"无耻之尤",甚至不惮其烦地亲自为其改名,但实际效果却微乎其微。旗人改用汉姓汉名成风,仰慕汉俗固然是其重要因素,但更重要的是,生活在汉族的包围之中,与汉人的交往已是实际需要,对于一般汉人来说,称呼满名既十分拗口,更难于记忆,从交往方便起见,取汉名也是势所必然的事了。

道光以后,清朝国势日微,满族统治者对姓名一类事情已无暇多顾。到清朝灭亡时,满族不仅讲汉话、用汉文，衣着体态与汉人无异，而且因大量改用汉姓，以至从姓名上也与汉人难于区别了。

 "重文轻武"风气的形成

清代旗人对于汉族文化乃至汉人，怀着一种又自大又自卑的复杂心理。一方面，他们意识到自己凌驾于汉人之上的统治民族地位而有一种优越感，另一方面他们意识到自己经济、文化上的落后和不得不依赖于人，又有一种自卑心理，以及由此而产生出来的对汉文化乃至汉人的仰慕。具体表现之一，就是"重文轻武"。效法汉族文士的风气，对于满族文化素质的提高，有莫大作用，但从清朝统治者的利益来说，八旗人丁纷纷弃武习文，再无人肯为其冲锋陷阵效死疆场，则是一件关乎统治基础的大事了。所以，他们采取了诸多隔离满汉民族的措施，包括对"满城"的修筑，不准驻防旗人在当地参加科举考试，以及对"国语骑射"的提倡等。说穿了这些措施限制的只是兵丁和广大满族人民，而并非对着统治者自己。所以，所谓的"沾染汉俗"，情况就相当复杂，不能一概而论。比如，有些"汉俗"，如"三纲五常"，是由满族统治者主动提倡的；有些"汉俗"，是由上层统治阶级自己率先效法，结果上行下效地形成了风尚。因此，旗人接受汉文化影响的途径，有时未必直接来自汉族，倒或多或少是间接地来自那些津津于此道的满洲上层社会。

清朝统治者曾多次颁谕，或者禁止旗人学习汉文，

或者限制他们参加科举考试，但对自己的宗室子弟学习汉文化却一毫不肯放松。清代皇子皆从5岁入学读书，由皇帝亲选翰林院中最博学的汉族士子为师傅。如为康熙帝讲论经史的是当时的大学士、理学大师李光地、高士奇，为他教授书法的是沈荃等。雍正以后建立专供皇子读书的上书房，书房师傅"皆极词臣之选"。此后皇子学习汉书经典，更是相沿成习。在这种教养下长大的清朝皇帝与宗室贵族，已深为汉文化所濡染，并争相以"学识渊博"相标榜。最早时如顺治帝，就能用汉文写诗，据说书法也算精通，至少是能鉴别好坏，尤爱绘画。康熙不仅喜与汉族儒士讨论理学，常以理学的卫道士面目出现，甚至自以为比那些儒生对理学的理解更透彻、更高明，而且也以能诗善画为标榜。东巡时每至一处，便即兴赋诗，他一生写了1100余首诗，有《御制诗集》行世。提倡"国语骑射"最力的乾隆皇帝，无论从史书记载，还是从民间口头传说看，都是最热衷于附庸风雅、吟风弄月的皇帝。虽然曾一再宣称最厌恶八旗中的"词林学问"，可是他自己却最喜四处题词赋诗。在有清一代的帝王中，他的诗作数量最多，虽然谈不上什么佳作，但洋洋数万首，蔚为大观。他痛斥有的八旗子弟总喜在人前卖弄，甚至与汉族文士较论同年、同辈，相互唱和往来，但他自己却每有机会，就要在满汉大臣前炫耀文才。他拔擢诗才敏捷的铁保、玉保兄弟，赞赏盛京出现了"弦诵彬彬"的读书声，在他内心深处，对这一切是极为仰慕的。皇帝如此，也就难怪一般满人了。

清朝的王公贵族和富室，多以不习汉书为耻，纷纷拜汉族士子为师。最早时如皇太极时期的饶余贝勒阿巴泰，征伐明朝期间就曾将一些汉族文人延入府邸，令他们为自己教授子弟。康熙时的大学士明珠之子、满洲著名词人纳兰性德曾拜当时文坛名士徐乾学为师。写《啸亭杂录》的宗室昭梿，曾拜汉族儒士程蓉江为师等。能够直接师从于当时汉族的第一流学者，这已是一般汉族子弟无从得到的优越条件，何况他们还往往凭借自己在政治上的特权地位和优厚的家资，广为结交汉人名士，从他们学诗学画，交往唱酬，一齐点校版本，刊刻书籍。直接受教于代表汉族文明最高层次的人，满洲贵族的文化素养能以令人惊异的速度提高，也就不足为奇了。

　　在满洲贵族子弟和知识分子中，从清初开始，因为与汉族士人频繁往来、唱酬应和，还出现了取双名和别号的习气，这也是满洲旧俗中所没有的。嘉庆皇帝曾忆及年幼时的一件事说，一次乾隆帝见他手拿一把折扇，上面的题画诗句落款有"兄镜泉"三字，询之是十一阿哥的手笔。"镜泉"即是十一阿哥为自己取的别号。乾隆立即为兄弟二人讲了一番道理，说干这种附庸风雅之事，殊非皇子所宜，皇子读书，只应讲求大义，使之有益于自己的身心，这些寻章摘句的都是"末务"，年幼之人怎能学如此虚伪的东西！乾隆还声称自己当皇子时从来不私取别号，有过的一个别号，还是皇考（即雍正帝）赐的（可见此风甚至皇帝也不能免）。我国家以"国语骑射"为本，子子孙孙万勿效法汉人恶习,云云。为了防微杜渐,还命人将这番话写出来贴在皇子书房墙壁上,好让他们"触目儆心",永志不忘。嘉庆帝倒是牢记了父亲的教导,曾一再将此事讲给自己的皇子们,让他们不要以风雅自命,而应以"正学"(即传统的儒家经典)为务。如此一再叮嘱,也可从反面看出,汉人"恶习"即使对养在深宫中的皇子,也有莫大的吸引力。

皇室勋贵这种倾慕汉文化的做法,对八旗官员、将领乃至一般旗人都产生了深刻的影响,满族上上下下,都出现了"争趋文事"的风气。外省驻防旗人生活在汉人包围之中,浸染汉俗的情况,发生得更早于京城。康熙朝时,有人记载了宁古塔满洲将军和兵丁对于汉人的恭敬态度,说那里的人都"贵汉而贱满"。究其原因一是商人都是汉人,满洲官兵比较贫苦,经常要向商人赊取衣食,因唯恐商人到时不肯赊与,所以平时都极恭敬之能事;二是被发遣到这里的汉人,很多原来都是儒雅的读书人,有的甚至曾经位至显贵,将军与他们都平起平坐,有时还在那些年老的汉人面前谦称为弟,一般人又怎敢怠慢这些人呢?可见这种心理的普遍性。

即以本来应该是赳赳武夫的八旗将领而论,按照雍正帝的要求,应该是或者目不识丁,或者相貌粗鲁,但是只要有胆略,有义勇,就算称职。可是久驻汉地的八旗将领,在与各地的文人名士交往中,却往往以这种形象为耻,他们仰慕读书向学之名,喜欢以文章翰墨相矜尚,日子一长,竟从行伍之中产生了一批儒雅之士。杭州就是一个典型。

杭州是清朝最早设立八旗驻防的地方，前几朝派去的八旗将领都是满人，兵丁则满洲、蒙古和汉军兼而有之。结果，几代以后，个个变得"敦诗悦礼"，不仅将领中人才辈出，代代有能著书或编诗集的，就是兵丁，在乾隆朝命令汉军八旗出旗之后，也有不少人或者卖画为生，或者云游四方，教棋卖字，一派"郁郁乎文哉"的气象。湖北荆州要算是比较偏僻的地方了，但在那里驻防的八旗官兵中，也出现了一批儒雅之人，如后来官至副都统的富谦，在参加镇压著名的川楚陕白莲教起义的六年中，身无他物，随身携带的只有书籍、碑帖，尤其喜爱吟咏，著有诗集《归田草》，书法也被人称颂一时。关外偏远地区如宁古塔，满人也有了延请汉人做家庭教师之事出现，据说当地汉人，富者学做商贾，贫而通满语的就代人经商，贫而不通满语的则做家庭教师。于是促进了旗人对汉文化的学习，结果此地竟由一个冰山雪窖之乡，变成了悦礼敦诗之地。在黑龙江将军所在地，八旗官兵也养成了"人以名望为重，喜读书"的风气，以至清代著名汉族诗人袁枚感慨地说，近日来满洲风雅，要远远胜过汉人，即使是军旅之人，也无不能诗。

这种风气的盛行不衰，是与满族统治者的愿望大相径庭的，乾隆帝曾写诗批评这种现象：

　　八旗读书人，假藉词林授。
　　然以染汉习，率多忘世旧。
　　问以弓马事，曰我读书秀。

及至问文章,曰我旗人胄。

两歧失进退,故鲜大成就。

……

从整体来说,"争趋文事"的结果,使满族的文化素养极大地提高,甚至在清朝灭亡之前,就已达到了与汉族不分轩轾的地步。

由于自康熙帝起,清朝皇帝就尊崇儒学,使"崇儒重道"成为一时风气,所以,满洲上层官员和子弟中也有不少人热心研读儒家经典,有些还取得了一定成就。如宗室德沛,是努尔哈赤的弟弟舒尔哈齐的后代,袭简亲王爵,在雍正朝时曾任兵部侍郎、闽浙总督、两江总督和吏部尚书等职,公余之暇,孜孜于对儒家经典的钻研,对《易经》有较深的造诣,著有《周易补注》和《易图解》等书。他也钻研理学,写过《实践录》等理学著作。再如雍正朝时的汉军旗人刘淇、刘汶兄弟,治经学也较有声名。

也有一些满洲文人掌握了汉族传统的治史方法,康熙朝修《明史》,就有满洲学者参加。清历朝实录的编纂,更有不少满洲学者参与其事。雍乾时期,满洲镶红旗人常安曾著《明史评》二卷,在评明史的过程中讥讽时事,后来在巡抚任上被人弹劾,下狱死。再有道光时的宗室奕赓,著《东华录缀言》,是清代很有价值的文献《东华录》的补充,保存了一些珍贵史料。

不过,有清一代,满洲旗人有的虽已具备相当高的文化水平,毕竟缺乏汉族乾嘉学派大师的学识与功力，未创建出独立的学派，也没有在史学、哲学等领域出现一代大学者。满洲文人的成就，更多的是表现在文学艺术，尤其是诗文和小说之上。到17世纪后期，从这些"天潢贵胄"中涌现出来的满族才子们用汉文写出的文章诗词，已达到与汉人同样的水平。许多宗室子弟和满洲官员不仅能诗，而且善画，尤其耽迷于汉族的篆刻、书法。据说康熙朝的大学士索额图就精通金石学，凡汉唐以来的鼎、镬、盘、盂等，过手就能辨其真伪。大学士明珠则爱好书画，居室内充满的都是各种画卷。18世纪以后，更有不少人在诗文、经史、书画、鉴赏、藏书各方面从事著述创作，并在当时学术界享有盛名。其中如嘉庆朝的成亲王永瑆和铁保的书法，与汉人翁方纲、刘镛并称四大家。庄亲王永瑢的《长江帆影图卷》表现出相当高的绘画造诣，至于文学方面就更是人才辈出。

有些满洲贵族子弟，对于汉族文人也称难攻的音律之学产生兴趣，还有人撰写过有关的著述，如宗室允祉的《八音乐器说》、宗室永恩的《律吕元音》以及著名的满族翻译家和素的十八卷本《琴谱合璧》等。满族中也有不少人热衷于钻研汉族人的传统医学，以此知名的有文通著《百一三方解》，奇克唐阿著《厚德堂集验方萃编》等。清朝后期，满洲上至贵族下至京师的一般旗人，多爱好京剧，虽然从嘉庆时起就受清朝统治者严厉查禁，却仍不能止。到那拉氏当政时期，不仅她本人酷爱京剧，且常命太监在宫内唱戏，宫廷之外的满人也嗜戏成癖，甚至有不惜放弃皇族爵位而去学唱戏的。这一切都说明,满族所涉及的汉文化领域,已经十分广阔和深入了。

 满族文学概述

满族上层阶级仰慕汉族文化,养成敦诗悦礼风气的直接结果,就是在文学方面出现了一大批的杰出人才和作品,使清代满族文学取得了令人瞩目的成就。

这些满族文学作品都是用汉文写作的,这是清代满族文学的一个明显的、突出的特征。早在17世纪后期,满族用汉文创作的许多文学作品,就已达到与汉族同样的高度,其中如曹雪芹的小说《红楼梦》,已达到其他汉文小说难以企及的高峰,纳兰性德也不愧是清代屈指可数的诗词大家。汉族文化的影响,包括遣词用句的种种表现形式、传统的道德观念和审美情趣,无不深深渗入到这些作品中,没有向汉族文化的学习和仿效,满族文学是不可能达到这样的成就的。

但是,如果因此就将这些作品看成是满族学者模仿汉人的产物,甚至看成是汉族文学的一部分,那就大错特错了。即使使用的是汉文,借用的是汉人的文学表现形式,他们的作品仍然洋溢着满族特有的意识、情感,反映出因独特的社会地位和生活方式引发出的其他民族所没有的追求、情趣和心理,表现了与汉人并不相同的对本民族历史和现实的理解。因而,即使是用汉文写作,这些作品也仍然是具有鲜明民族特色的满族文学,这一点,恐怕是这些作家自己也没意识

到的吧。总之，带着北方山野之民的蓬勃精力闯入古老的礼仪之邦，他们为清代的文坛带来了鲜活生气。

问题还不仅如此。清朝的统治气氛，总的说来，是远远不利于文学的发展和兴盛的，在"避席畏闻文字狱，著书都为稻粱谋"的重压之下，不可能出现真正伟大的作品和作家。对于文化和作为文化载体的读书人来说，真正可怕的并不是肉体的摧残，而是精神上和人格上的屈辱，而这正是满族统治者入关之后带给汉族知识分子的"礼物"。清初的"科场案"、雍正朝对钱名世等所谓"名教罪人"的侮辱，直到愈演愈烈的文字狱，无不致力于摧毁汉族知识分子的人格和自尊，以至人们公认，清代汉族的文人中，人品高，文品也高的并不很多，他们的作品，未曾取得令人瞩目的成就，也是不足为奇的。

但是，这一时期却是满族文学发展里程上的高峰。满族文人是很独特的一部分人，他们不像汉族知识分子那样，是为求取功名而读书、为谋饭碗而著书，汉族文人所孜孜以求的一切，他们往往轻而易举地就能得到。其中著名的如纳兰性德，身居宫廷侍卫之要职，很容易晋升到显赫的高位，但他却意不在此。不少宗室诗人，虽然过着锦衣玉食、享尽人间富贵的生活，却因清代对皇族子弟的种种严格限制，得不到任何施展政治抱负的机会。这些人寄情于文学，或者纯出于对文学的热爱，或者是一种精神寄托，这就使他们的作品，少了一些追求功名的铜臭气、在专制政权压制下动辄得咎的委琐气，而多了一些纯真和潇洒。

纯真并不意味着浅薄。一些杰出的满族作家，透过社会、家庭、个人所经历的巨大变动，更深刻地体验了世态炎凉、人生无常，他们的作品所蕴含的深刻的思考和无法排解的痛苦，倒是这时备受压抑的汉族作者的作品中不多见的。正是以曹雪芹《红楼梦》和纳兰性德的诗词为代表的满族文学作品，将清代文学推上了最高峰。

满族接触汉族文学，最初是通过满译的汉文小说和其他作品。早在皇太极时，达海等著名的满族学者就开始从事将汉族儒家经典和文学作品译成满文的工作，这种做法到顺治时达到了高潮。被译成满文的已不仅限于经典、史书，而且包括了大量的稗官野史和流行于坊巷的话本小说，诸如《金瓶梅》、《聊斋志异》、《唐人小说》、《封神演义》、《好逑传》、《玉娇李》等。其中如《金瓶梅》，虽然因为内容有涉淫诲多次被清廷明令禁毁，但始终流传不衰。它的译笔自然流畅，被公认为满族文学的杰作，如果不是对满汉两种语言都有极深修养的人，是决然译不到如此水平的。因无法确知此书的译者，所以西方多年来一直传说译者是康熙皇子，这当然是无稽之谈，但也为此书增添了几分神秘。此外，正红旗满洲人扎克丹摘译的《聊斋志异》也达到了很高水平。据他自己说，译此书时曾经"仔细择翻百余首，功夫大半五更头。寻明师，求益友，经春秋，推敲方成就"，是付出了大量心血的。这些满译汉文作品，为满汉文学的交流架起了一座桥梁，至清末，满译汉文作品已达50余部。

满族作家文学,大致是从入关以后才兴起的。如今的学者将其分成三个阶段(见张菊玲《清代满族作家文学概论》,中央民族学院出版社,1990年):

①1644~1735年,相当于顺治、康熙、雍正三朝,这是满族作家文学兴起和发展的时期。

从顺治朝开始,在满族中就酿成了用汉文写作诗词的风气。在最早的满族诗人中,最有代表性的是鄂貌图和高塞。鄂貌图兼通满汉文字,撰有《北海集》,是满族文学的开创者之一,当时人评价他的诗典雅流丽,有盛唐之风。高塞是皇太极第六子,是皇室中最早用汉文写诗的一个,他因躲避皇室内部之争而长期隐居于辽宁的医巫闾山,诗中时常流露对自身境遇的感叹。满族入关后,皇族内部接连不断演出的骨肉相残惨剧,给宗室子弟带来创巨痛深的伤感和烦恼,不少人产生躲避现实的思想倾向,并常常在诗词中流露出来,构成了满族文学的一大特色。高塞大概就属于开这方面风气之先的人了。

康熙朝以后,满族文人的数量大大增加,在诗、词、文、赋、戏剧方面都取得了一定成就,但最突出的还是在诗词方面。康熙和他的皇子们都喜作诗,康熙的诗从文学的角度来说,虽然不像当时和以后一些人吹捧的那样达到多高的成就,但说其质朴豪放,具有政治家的英武特色还是妥当的。譬如他东巡到松花江时,曾写有一首《松花江放船歌》:

松花江,江水清,夜来雨过春涛生。浪花叠

锦绣縠明,彩帆画鹢随风轻。箫韶小奏中流鸣,苍崖翠壁两岸横。浮云耀日何晶晶,乘流直下蛟龙惊。连樯接舰屯江城,貔貅健甲皆锐精。旌旄映水翻朱缨,我来问俗非观兵。松花江,江水清,浩浩瀚瀚冲波行,云霞万里开澄泓。

对于以汉族诗歌的形式来表达自己的情感,应当说是运用自如了。难怪连当时在京的西方人也要感叹,这些以武功得天下的努尔哈赤子孙,竟然成了"中国诗人"!康熙的子孙,也多喜作诗,第三子允祉有《课余稿》;十三子允祥有《交辉堂遗稿》及《续刻》;十七子允礼有《静远斋诗集》、《春和堂诗集》、《雪窗杂咏》等;二十一子允禧有《花间堂诗钞》、《紫琼岩诗钞》等。

在这一阶段,也是在整个清代,代表了满族诗词最高成就的是纳兰性德。纳兰性德,正黄旗满洲人,是康熙朝曾经权倾一时的大学士明珠之子,他才华横溢,所作辞章或情意婉转、缠绵悱恻,或激昂慷慨、苍茫悲壮,都能直抒胸臆,具有鲜明的个性色彩。早在他生前,他的词集《饮水词集》就已广为传诵,出现"井水吃处,无不传唱"、"家家争唱饮水词"的情况。在清初词坛上与汉族词人朱彝尊、陈维崧并称为三大家,也有人认为他的成就超过后两者,是"国初第一词人"。另一位较有成就的是长海,他的祖上是海西四部之一的乌拉部长,入关后父祖兄弟都身登显秩,他却隐居山林,以布衣身份度过了一生。

在这一阶段,宗室诗人的成就是比较突出的,著名的有岳端、博尔都、塞尔赫、文昭等,他们都追求一种浑朴冲淡的艺术情趣,表现出这些在政治上不得势而无由施展的宗室淡泊功名、回避现实的人生观,对后世宗室的作品有一定影响。其中康熙朝的文昭,是饶余亲王的外孙,曾因故被贬,从此在清静无为的道家学说中寻求解脱,是这些宗室中著作较多,成就较著的一个。

②1736～1840年鸦片战争爆发,相当于乾隆至道光时期,这是满族作家文学的鼎盛时期。

这一时期,不但文人的队伍较前有所扩大,作品数量激增,而且题材更为广泛,内容更有深度。从文学体裁上看,除了诗词文赋继续发展外,白话长篇小说和笔记小说也取得了堪称辉煌的成就。这时的满族文坛,已不再为宗室王公所左右,大量下层文武官吏、布衣寒士和潦倒宗室加入了这个作家群体,甚至还出现了一批女诗人。他们对汉族文学的理解和对汉族语言的运用,早已到了得心应手的程度,社会阶层面的扩大,生活视野的拓展,使这一阶段满族文学的内容比前一阶段要大为丰富和复杂。在前一阶段满族作家中常见的具有北方民族特色的诗词作品减少了,但反映社会内部错综复杂的矛盾、暴露现实黑暗的作品却在增多。乾隆年间北京曾出现一个满洲作家群,包括了弘晓、弘旰、曹雪芹、和邦额、额尔赫宜(墨香)、永忠、永𤫊、书诚、敦敏、敦诚、庆兰、明义等人,他们都与满洲上层贵族集团内部的政治斗争存在着密切联系,其家族多是历次斗争中的失败者,所以他们在对人生的看法上,在对艺术的追求上都有相通之处。

在这个群体中,杰出的代表人物是曹雪芹,他的长篇白话小说《红楼梦》,是中国文学史上最伟大的作品,无论在思想内容上还是艺术上,都代表了中国古典小说的最高峰。当时与以后都有多种抄本问世,在满人和汉人中间都得到迅速流传。

在这一阶段,满族文学的特殊成就表现在小说方面,除了《红楼梦》以外,还有和邦额的《夜谭随录》。《夜谭随录》是继《聊斋志异》之后较有影响的一部志怪小说,成书于乾隆四十四年(1779年)。不能否认它受到了《聊斋》的深刻影响,与《聊斋》一样,它也是借言鬼怪抒发对人世的感慨之作。但它所反映的,则更多是当时满族下层人民的生活,书中浸透浓郁的北京乡土气息。

乾、嘉以后,相当一批满族官员,如阿克敦、舒瞻、全魁、博明、铁保、英和、斌良、麟庆等人,在赴外省任上或在被遣戍途中,将所见所闻写成诗文,其中最有特色的是麟庆的《鸿雪因缘图记》,这是一部体例特殊的散文集,也可以说是一部形式特殊的年谱。作者以图文并茂的形式,记述了自己的生平经历。全书分3集,每集有记80篇,图80幅。其中的游记散文,堪称是满族散文的代表作。

这一阶段的笔记类作品也取得了较大成就,其中最突出的是昭梿的《啸亭杂录》。昭梿是清太祖努尔哈赤的次子代善的第八个继承人,曾于嘉庆十年(1805年)袭封礼亲王王爵,后因事被贬斥。他以自己的亲身经历和见闻写作的笔记《啸亭杂录》,记载了清代尤其是嘉庆朝政治、经济、文化、典章制度、文武官员的遗闻轶事和社会习俗，是研究清史不可缺少的宝贵史料，也是清代笔记类文学的上乘之作。

③道光二十年（1840年）鸦片战争之后，这是满族作家文学的衰微时期。其中较有成就的，一是出现了一位蜚声词坛的女词人顾太清，一是出现一部白话长篇小说《儿女英雄传》。

顾太清，即西林春，是中国古典词坛上最后一位著名的女词人，当时人曾将她与纳兰性德并列，说"男中成容若（即纳兰性德），女中太清春"，甚至有人认为她的词从格调和表达情感的真挚上，超过了纳兰性德。只是由于受生活条件的限制，视野比较狭窄。《儿女英雄传》的作者，是没落的满洲贵族文康，这部书从表达的思想主题看，并无太大价值可言，但作者以浓郁新鲜的北京话生动地描绘了19世纪北京旗人的生活，具有满族作家的独特风格。

在作家文学没落的同时，产生于北京八旗子弟中间的曲艺——子弟书兴起了。这是一种只有唱词没有说白的鼓词，配合鼓板三弦演唱，全称是《清音子弟书》。内容多从明清时期汉人小说、戏曲中取材。从乾隆到光绪年间，它在北京和东北地区流传了百余年，深为一般市民阶层所喜爱。光绪朝以后，子弟书开始衰落，原因可能是因为它的乐曲字少腔多，过于迂回曲折，艺人难学，听众也难于听懂。但子弟书虽然失传了，它的一部分曲本如《露泪缘》、《长坂坡》、《白帝城托孤》等，却被其他曲艺，如京韵大鼓、奉天大鼓、坠子等采用,成为受到听众喜爱的曲目。

由此可见,满族文学与汉族文学的关系是密不可分的,它不仅采用了汉族的语言和表现形式,而且充分吸收了汉族优秀文学遗产中的精华。但是,它也在其中注入了自己民族的精神、气韵。没有二者成功的结合,不可能出现如《红楼梦》这样代表中国封建文化最高峰的作品,没有一大批才华横溢的满族作家的参与,清代的文坛也必然会寂寥得多。

五 曹雪芹、纳兰性德及其他

在这一章，我们选取几个典型的家族和人物介绍给读者。他们集中体现了满汉民族在文化、心理素质甚至血缘各方面的交融。

 曹雪芹

中国人只要读过几天书，没有不知道《红楼梦》的，它是中国古典文学作品的精华，也是中国文学史上的一座丰碑。但我们在这里探讨的，并不是它在文学上的成就，而是从曹雪芹的家世和他所处的时代背景中，反映出的十分生动的满汉文化交流历史。

对于曹雪芹的民族成分，很多人至今带着种种疑问。从血缘来说，他的确曾是汉人，但入旗多年，加上与清朝皇室一度有过的非同寻常的密切关系，曹雪芹的祖辈已经"满化"得很深。入关以后，他们接受的又是汉族传统的教育和熏陶，这种由汉入满，又由满入汉的特殊经历，使曹雪芹能够汲取两种文化的精

华，使《红楼梦》成为中国传统文化的集大成者。

可是，《红楼梦》的伟大绝不仅限于此，更在于它思想内容的深刻性。"字字看来皆是血，十年辛苦不寻常"，他以凄绝哀婉的文笔，以小说的形式，再现了一个时代的、民族的深沉的历史悲剧。只有经历过社会的、民族的以至家庭的巨大变故之后，真正体验到这种变故后面隐含的全部悲剧意味的人，才可能具备如此不凡的眼光和如此震撼人心的批判力量。我们可以推断说，纯粹的汉族文人或纯粹的满族士人，都无法写出这样的作品。

曹雪芹的先世，众说不一。有人说是辽阳人，也有人说是河北丰润人。他的一世祖曹世选在1619年前后沦为后金的奴仆，原因不详，隶属于九王多尔衮的正白旗。清军入关后，从皇帝亲自统率的镶黄、正黄和正白三旗（即"上三旗"）所属的户下包衣中挑选人丁组成了内务府三旗，其中包括9个内府佐领（满洲佐领）、12个旗鼓佐领（由家奴汉人编成）和1个高丽佐领。曹家即属于内务府正白旗第五参领第三旗鼓佐领下人。这个内务府三旗的旗人与汉军旗人是完全不同的两个概念，二者是完全不同的两个独立的组织体系，彼此互不相干，各自为政，各自属下人丁的政治、经济和社会地位也不相同。在进入满洲共同体的汉人中，内务府旗人既然作为奴仆而受到满族的强制同化，也被满族视为自己家族的成员，所以，可算作是满化程度最深的那部分人。他们尽管有汉族的血统，但无论从哪方面说，都已经不能算是汉人了。

内务府包衣人，借用红学专家周汝昌的话说，是一种身份极为特殊的清代封建社会的畸形产物，也是满洲早期比较原始性阶段的社会遗迹（《曹雪芹小传》，百花文艺出版社，1980年）。他们在满洲具有既"下贱"又"富贵"的非常特殊的身份，因为是奴仆，他们的地位实际上是很低的；由于他们是皇帝的家奴，往往又很受重视，有的甚至外任肥差，既富且贵，作威作福，很有权势。但他们的权势、富贵却全凭主子的好恶而定，比起一般官僚显贵更无保障。一旦失势，荣华转瞬即逝，曹家在入关之后就是如此。

曹雪芹的曾祖曹玺，与康熙帝的生母佟皇后以及康熙帝有着非同一般的关系。他的妻子孙氏被佟皇后选入宫中，成为康熙帝的乳母，康熙曾在曹家避痘，可见曹家所受宠信的程度。所以，曹玺之子曹寅自幼就是康熙帝的侍读，这使他得到极好的研读经史、学习诗文的环境和条件。曹寅15岁被选为御前侍卫，这在当时是一个非常荣耀的职位，也是通向高官显宦的捷径，通常只授予宗室和上三旗满洲大员的子弟。

康熙帝在即位的第二年，就派曹玺到江南，担任清代的第一任江宁织造。织造一职在清代最肥，表面看来不过是一个负责为皇帝织造缎匹，供内廷使用的官员，实际上却是皇帝安插在江南的耳目。江南地区是清朝财赋的渊薮，又是人才荟萃之地，还曾是抗清斗争的中心。江南地主阶级和士大夫的人心向背，关系着全国政治、经济形势的稳定。从顺治后期到康熙初四大臣辅政时期，对于江南地主阶级，满族统治者一直采取严酷的打击态度,直到康熙亲政以后,才转而对他们采取了笼络与争取的方针,并很快收到了效果。所以,织造在其间,就不是一般的耳目了。他不仅要经常向皇帝报告江南一带的天气、年景、物价和地方人情、缺职告退官员的生活动态,还承担着笼络汉族士大夫,改善关系的重任。而承担此项工作的人,必须具备两个条件:第一,他必须是皇帝的心腹;第二,他本身应该也是个名士、文人,不仅要有很深的汉族文化造诣,最好还有被世人认可的声誉,否则不可能得到江南文人的信任和认同。

没有比曹玺、曹寅父子更适合的人选了,尤其是曹寅。他天资聪颖,多才多艺,是诗人,也是编著家、收藏家、刻书家,很多人认为他在清初诗坛上的地位,实际上应该出于纳兰性德之上。他到任后,广泛交结江南名士,一时成为江南"风雅"的主持人,为康熙对江南文士的控制和争取,起到了特殊的作用。

曹玺在织造任上一做22年,其间也做过苏州、杭州两地织造,于康熙二十三年(1684年)死于任所。两年以后,他的儿子曹寅出任苏州织造,又过两年,转江宁织造。这样,从康熙二年起到雍正五年(1727年)曹雪芹之父曹頫在这个任上被罢职,曹家任江宁织造共3代4人,历时64年。康熙一朝共有过6次南巡,曹家就在南京、扬州和苏州三地"接驾"4次。所受"恩宠"之隆,罕有其匹。曹家虽然是包衣,但也俨然是一个"诗礼簪缨"之族。在江南这个"红尘中一二等富贵风流之地"60余年繁华而风雅的生活,给予日后曹雪芹的影响是不可磨灭的。

但是好景不长。作为康熙的私人家奴，他们的命运和康熙的统治紧密联结在一起，康熙一死，他们的权势和煊赫也就一去不复返了。雍正帝的继位，伴随的是皇室中的一场凶恶争斗与残害，曹家可能就是因此而受到了牵连。雍正初，曹雪芹之父曹頫因亏空钱粮被革职，家产也被查抄，家道从此败落。但他们在京还有少许房屋和家产，还能维持生活。可是到乾隆初年，曹家又因涉入某个政治事件而获罪，经过这次沉重打击的曹家，终于一败涂地。

曹雪芹于雍正二年（1724年）出生于江南，此时的曹家已经度过繁盛时期而开始走下坡路。他出生不久，就经历了家庭的第一次巨变。但"百足之虫，死而不僵"，他还有机会受到良好的教育和熏陶，还能体会一些曹家当年的繁华和排场，没有这样的现实生活基础，他是不可能感受家庭变故的巨大落差的。

到曹家彻底败落时，曹雪芹已是13岁的少年，从此他结束了"锦衣纨绔之时，饫甘餍肥之日"的公子生活，彻底与"富贵"二字断绝了关系，沦入闲散、失意、贫困的下层旗人队伍中去了。他后来的生活，史书上没有详细记载，据当时人说，他因不得志，遂放浪形骸，杂在优伶之中，常常以演剧为乐，曾被家长在空房中禁锢3年。后来他曾在宗学当差，离开宗学后，有一段时期靠投亲靠友和为富人作馆维持生活。乾隆二十一年（1756年），因生活艰窘，他迁居到西山脚下一个山村，他的好友敦诚描写他这时的生活是

五　曹雪芹、纳兰性德及其他

"满径蓬蒿老不华,举家食粥酒常赊"。乾隆二十八年(1763年)春末,他的爱子患痘疹死去,使他受到非常沉重的打击,不到一年就贫病交加,离开了人世。

　　正是这场人生的重大转折,使他的世界观、人生观发生了非常激烈的变化,也使他脱离了富贵生活的狭隘圈子,接触到了更为广阔的人生。他透过世态炎凉,从作为满洲这样一个统治民族的奴仆,又经历了人生巨大起落的特殊视角,敏锐地洞察了他所处的时代已经面临"忽喇喇似大厦倾"的无可挽回的危机,感受到"落一片茫茫大地真干净"的必然结局。这是《红楼梦》的思想力量和艺术力量之真正所在。

　　强烈的盛衰对照的悲剧感,并不是曹雪芹一人独具的。乾隆朝以后,清朝的所谓盛世已经面临种种难以挽救的危机,它的一个突出表现,就是满族内部激烈的夺权纷争和贫富分化。入关之初在旗人身上表现出的荣耀感、自豪感、优越感已为对生活、对前程的绝望所取代。于是,这时出现的一个很有意思的现象是,最早感受到时代悲剧的,不是自诩最有文化、最先知先觉的汉族知识分子,却是一群满族文人。他们厌恶尘世的纷乱,厌恶宦海浮沉,心怀抑郁,无所作为,以寄情自然、诗酒雅集、参禅悟道作为主要的生活内容,从中寻求内心的平衡与解脱。《红楼梦》中"色、空、梦、幻"的色彩,是他们的精神写照。这是乾隆以后在一批满族作家中形成的特有的人生悲剧意识。《红楼梦》中的"富贵闲人"贾宝玉,就是这个群体的一个艺术典型。

价值观念是民族意识中最深层的东西,恰是在这一观念上,《红楼梦》体现了满族独有的、与汉族文人迥异的特征。嘉庆朝以后,一些汉族文人为《红楼梦》作续而往往失败,主要原因就是二者在价值观念上是背道而驰的。

曹雪芹在世时,《红楼梦》的前八十回已引起了人们尤其是旗人的重视,也出现了一些抄本,其中就有怡亲王府《脂砚斋重评石头记》抄本,在满洲宗室尤其是那些不得志的宗室中流传很广并从中产生了共鸣,找到了知音。其间最有代表性的是一位宗室文人永忠所写的《因墨香得观〈红楼梦〉小说吊雪芹三绝句》。墨香(额尔赫宜)也是满族诗人,永忠并不认识曹雪芹,他是从墨香处读到《红楼梦》的。这三首诗的第一首是:

> 传神文笔足千秋,不是情人不泪流。
> 可恨同时不相识,几回掩卷哭曹侯!

曹雪芹和他这部作品首先就是在这些满族文人中真正得到理解和高度评价的。满族文人们并不因为它是一部白话小说,是当时被视为"不登大雅之堂"的俗文学而对它加以轻视。一方面是因为满族毕竟较少汉族文人的传统观念,而且上上下下都有喜读小说的风气,但更重要的一方面,还应源于他们有着共同的思想基础、人生体验和审美情趣。

乾隆五十六年(1791年)程伟元刊刻《红楼梦》

时在序言中曾经提到,这部书在当时已经不胫而走,一部抄本的价值就达数十金。据说,乾隆末年的权臣和珅也对此书甚感兴趣,曾问乾隆帝此书写的究竟是谁家之事,乾隆回答说是为康熙时的大学士明珠家作的。到嘉庆朝以后,《红楼梦》的续书越来越多,还有传奇、鼓词等也多以《红楼梦》内容改编,《红楼梦》在汉人中的影响也越来越广泛,以至当时的北京出现了"闲谈不说红楼梦,读尽诗书是枉然"之说。到光绪初年,研究此书的"红学"作为一门学问就已经出现。当然,像永忠那样真正能够解出个中滋味的人并不多。

《红楼梦》所反映的生活方式和思想感情,既不是清朝汉族封建士大夫的,也不是满洲八旗贵族和官僚的,它不像有人说的,是具有"排满思汉"感情的产物。但也不能完全与纳兰性德或者其他满族作家相比。应该说,这部作品已经超过了满、汉民族的界限,它是两个民族在精神上经历了极其痛苦的相融之后的结晶。

 纳兰性德

这位在清初词坛上颇负盛名的满族词人,被如今的很多学者誉为满汉文化融合的第一人。

与曹雪芹不同,纳兰性德是地道的满洲人。他的家族属满洲的上层贵族,与曹雪芹家族所属的那类饱尝屈辱的包衣人相比,应该说是有着天壤之别了。

但是这支纳兰氏，也译作纳喇氏，与一般的满洲部落毕竟有别，他们是明末曾经称雄一时的海西女真四部中最强大的叶赫部的后人。努尔哈赤竭尽全力，历时多年，才将叶赫部消灭，从而完成了对女真诸部的统一，但对于叶赫的后代来说，无论他们享有多高的地位，却难以忘怀这一段浸透了屈辱与仇恨的历史。

纳兰性德的父亲明珠，是康熙帝亲政时最受宠信的大臣之一。他于康熙十六年（1677年）从内务府总管擢升为武英殿大学士，二十一年（1682年）加太子太傅，一时间权倾朝野。纳兰性德是明珠长子，于顺治十一年（1654年）年生于北京，属于满族入关后的第二代人。与其他满洲贵族子弟一样，他数岁就善骑射，17岁入太学，18岁举顺天乡试，22岁中进士。此后被康熙帝选授三等侍卫，不久又擢为一等侍卫，这在清代是荣耀至极的职位。他在侍卫任上8年，凡康熙帝巡游各地，他都要随行，行踪西至五台山，北到辽宁的医巫闾山，到过盛京、乌喇（今吉林）、长白山和松花江，还南渡江淮，到过无锡、姑苏一带，并且登泰山，至阙里。直到31岁逝世，他留下的作品，主要是词集《侧帽集》（后改为《饮水集》），共收词300余阙。

纳兰性德入太学时就深得当时的著名学者、国子监祭酒徐元文的器重。举顺天乡试时，主试官又是徐元文之兄徐乾学。他中举后的第二年因病未能参加会试，便投入徐乾学门下，系统地学习汉族的经史典籍，前后约有3年。徐乾学曾把自己收藏的宋元儒家学者讲述经典的书籍出示给他看,他慷慨解囊,与志同道合者一起,将这些书辑在一起,用不到两年的时间刊刻出了卷帙浩繁的《通志堂经解》,全套书共有144种,1792卷。他还撰写了包括历史、地理、天文、历算、佛学、音乐、文学、考证等方面知识的《渌水亭杂识》。此外,他也临摹书法,搜集名砚,求石治印,学习书画鉴赏。可以说,一切汉族士大夫所应具备的素养和嗜好,他都在不遗余力地追求着,即使在当了侍卫以后,他也未曾放弃对学问的追求,在随驾巡行途中,白天陪同皇帝校猎,夜晚仍不废读书,"书声与他人鼾声相和"。平时公事完毕,他就与挚友四五人考订经史,谈说今古。

以徐乾学、徐元文为首的那帮汉族文士,都以结交他为荣,对他极力推崇。不能否认其中确实有巴结权贵的因素,纳兰性德毕竟是炙手可热的权相明珠的儿子。所以,后来有人批评徐乾学,说他代纳兰性德刊刻《通志堂经解》,是在为自己邀取声誉。但实际上,纳兰性德结交的文士中,并不乏清白高洁、与世落落难和的人物。他最喜与江南文人交往,与他关系最为契厚的有顾贞观、严绳孙、朱彝尊、吴兆骞等人,而这些人在当时却是深为满族统治者所畏嫉的。纳兰性德常与他们在自己家中的渌水亭聚集,一齐饮酒赋诗,相与唱和,或赏摩书画。吴兆骞曾因顺治十四年(1657年)的"科场案"被流放到宁古塔,与吴并未见过面的纳兰性德却鼎力相救,终于借他父亲明珠之力,使吴兆骞得以生还。这是清初相当著名的事件,许多汉族文士将他引为知己。不管怎样，没有与这些当时一流的汉族学者的密切交往，没有这群汉族文士对他倾其全力的相助，纳兰性德不可能成为满、汉文化兼备一身的人物，也不可能攀上满族文化第一高峰。

对于纳兰性德本身来说，他既不需要通过学习汉文化来为自己博取功名，也不需要通过结交汉族文人来为自己邀取任何声誉，他如此刻苦不懈地钻研和学习汉族学问，唯一的解释，就是出于对这一文化的仰慕和迷恋。他从这一切中找到了莫大的乐趣，找到了精神寄托的所在。他确实像后来有些学者所说的，是满族中的一位最早笃好汉学而卓有成就的文人。从偏僻荒远的山林走出来不久的满洲人，当他们一下子置身于如此丰富、如此繁荣、如此风流的文明之中时，所唤起的惊异、羡慕、迷恋是显而易见的。仰慕并竞相学习汉文化，是当时满洲子弟尤其是其中上层子弟的风气，只是纳兰性德具备的条件更优越，他本人也更聪慧、更勤奋，因而也更有成就而已。

对于纳兰性德的词，人们褒贬不一，但总的说是褒多于贬。在当时，对于这样一个会用汉文写诗填词的满洲贵族公子、皇上的一名御前侍卫，世人趋奉唯恐不及，评价自然是极高的。后来则有人颇有微词，说他的词意境不深厚，措词也太浅显，将他奉为"国初第一词人"是过甚其词。这里，恐怕多少有几分民族偏见作怪。

人们尽可以凭自己的感情来选择文学作品，对纳兰词在文学史上的地位也尽可以有不同的评价，但我们在这里更感兴趣的，则是探究作为入关不久的满族诗人的代表，纳兰性德的作品中所流露出的满族文人与汉人不同的思想感情和心态。他们的作品，并不单纯是模仿汉人的产物，相反，当一批满族诗人采用汉族文学的形式来做诗填词的时候，他们也给这种古老的文学形式带入了新的气息，使之具有了某种新的活力。纳兰词，就是这种结合的最早的果实。

无论褒贬，人们都承认，纳兰词是具有非常鲜明特色的。他的特色可以概括为两点：第一是他的"情真意切"；第二是充满感伤情调。

①先谈他的"情真意切"。著名学者王国维谈到纳兰词的特点时，讲过很精辟的一段话，他说，纳兰性德是"以自然之眼观物，以自然之舌言情"，因为他初入中原，还没沾染上汉人习气，所以能够真切如此。他因此夸赞纳兰性德是"北宋以来，一人而已"。这里强调的，是他的清新自然。

纳兰性德随从康熙帝遍历南北，写下大量描写各地景物的诗词，其中最精彩的，要属描写北国山川和皇帝东巡场景的诗句：

> 山一程，水一程。身向榆关那畔行，夜深千帐灯。
>
> 风一更，雪一更。聒碎乡音梦不成，故园无此声。
>
> ——《长相思》
>
> 万帐穹庐人醉，星影摇摇欲坠。归梦隔狼河，

又被河声搅碎。还睡,还睡,解道醒来无味。

——《如梦令》

很少有汉族诗人能够如此深切地写出朔方景物独有的悲凉空旷的意境。他们难得有这种生活,有人即使曾经出关,感受到的也只有一个"苦"字,所谓的"马后桃花马前雪,到此怎能不回头!"苦不堪言,哪里还能感受到北国独特的壮美。

他也写清初北京街头的小景:

一半残阳下小楼,朱帘斜挂软金钩,倚栏无绪不能愁。

有个盈盈骑马过,薄妆浅黛亦风流,见人羞涩却回头。

——《浣溪沙》

再生动不过地描述了骑在马上的满族少女特有的神态。这种形象不但在汉族妇女中无法看到,而且在入关多年以后的满族妇女中也难得一见。

他的爱情诗凄婉缠绵,尤其是他23岁时,结发妻子卢氏早夭,使他悲恸不已,写下了大量的悼亡诗句。"只向从前悔薄情",将这种后悔的心情坦白真实地写在诗中,这在男尊女卑观念很深的汉族文人中是不多见的。他看重真挚的友情和心灵的相通,写了不少与朋友袒露心迹的诗句。

纳兰性德的词,以抒发自己的真情实感为主旨,拓展了词的意境，丰富了词的表现力。

②再谈他诗词中的感伤情调。纳兰词给人印象最深刻的，就是其中极其凄切感伤的风格，这常常令人迷惑不解。因为在汉族文人中，或享受荣华富贵，或位登荣显，得以施展政治怀抱，本是他们人生的最高追求，很少见到哪个汉族文人得到这一切之后，还会有纳兰性德式的忧郁。纳兰性德生长在钟鸣鼎食之家，生活一帆风顺，前程无可限量，也无家破国亡的伤痛，他哪里来的那么深沉、那么真切又那么难以排抑的伤感？

有人说是因为他出身于叶赫那拉氏，有着一段惨痛的历史。不能完全排除这个因素，当他随康熙帝东巡到达吉林乌拉的时候，他写了一首《浣溪沙·小兀喇》：

桦屋鱼衣柳作城，蛟龙鳞动浪花腥，飞扬应逐海东青。

犹记当年军垒迹，不知何处梵钟声，莫将兴废话分明。

纳兰性德再次来到这里时，距那场自己部族覆亡的战争仅仅过了70年，从这首词中显然可以看出，他并没有忘掉那段历史。兴亡之感本是汉族古典诗歌中常见的主题，但性德在感叹"往事最堪伤"时，应该是别有一番滋味在心头的，兴亡之感在他心灵最深处留下了难以抹去的烙印。所以，即使是明朝皇帝的陵寝，也会触动他心中这根敏感的神经。我们可以推测，也许在这一点上，他与那些明朝遗民产生了共鸣。

对侍御生活的厌倦,是他常感痛苦的直接原因。皇帝的近身侍卫,必须进止有度,不失尺寸,谈不上个人自由,也无法施展才华,他终日如履薄冰,惴惴不安,不仅形成越来越重的心理负担,还深感虚度青春的空虚与无奈。他一再向友人倾诉自己的苦闷,诉说自己终日从事于鞍马之间,甚觉疲顿,从前壮志,都已堕尽,昔人曾说身后名不如生前一杯酒,这话太对了。可是,这种牢骚只能发发而已,他当然无力摆脱这种生活,也就无法排解自己厌倦的心绪。

他的父亲明珠,一直处在康熙亲政前后极其险恶的政治漩涡中间,据说他是个表面上对人柔颜软语,百计款曲,但暗地里却是阴行鸷(音 zhì,意凶猛)害,意毒谋险的人,没有超乎常人的手腕,恐怕他也无法在那种复杂的环境中立足和升官。纳兰性德死后第三年,明珠终于被劾削官。对于官场上冷酷无情的争斗,对于他父亲岌岌可危的地位,天性敏感的纳兰性德决不会毫无觉察,处于他那种特殊高位又有极高的天资,他必然看透了官场上肮脏阴暗的一切,从而内心有着难向人言的隐痛。

妻子的早亡,更加深了他的哀痛,使他发出了"料也觉人间无味"的叹息。

纳兰性德以"冷处偏佳,别有根芽,不是人间富贵花"来标榜自己。他的痛苦和绝望都是十分彻底的,它绝不会因诗人命运发生某种转变而有所变化,它已经深深地浸透到他的人生观、价值观中。

这种伤感和厌倦情调,在有清一代的满族文人中屡屡可见，它几乎成为满族文人的一个共同特征。清代每有人说《红楼梦》中的贾宝玉，就是以纳兰性德为原型的，无论是否属实，至少说明满族上下，确有以他们二人为代表的一类人。他们从所处的特殊角度，看透了一切富贵，一切荣耀，一切辉煌都是用血写成的这个残酷的事实。作为创下了辉煌业绩的统治民族，却从内部产生出这样的批判性、悲剧性人物，是十分耐人寻味的。

 岳端及其他

岳端姓爱新觉罗，岳端（袁端、蕴端）是他的名。字兼山，又字正子，号玉池生，别号红兰室主人。生于1671年，即康熙亲政后的第二年。他是岳乐的第十八个儿子，所以也曾自称"长白十八郎"。由于在存活的弟兄中他是嫡福晋生的第三子，所以也往往被人误作安亲王第三子。岳端死于1704年，终年35岁。作品有《玉池生稿》、戏曲《扬州梦传奇》、选唐人诗《寒瘦集》，还有百余幅绘画作品。

他是地地道道的皇族，是骑马弯弓打天下的爱新觉罗家族的子孙。和他同时代的康熙帝一样，岳端是努尔哈赤的曾孙。他的祖父阿巴泰是努尔哈赤的第七子，于崇德元年封饶余贝勒，顺治元年（1644年）封饶余郡王。父亲岳乐是阿巴泰的第四子，初封镇国公，顺治十四年（1657年）晋为安亲王。入关初，岳乐曾随豪格进军四川追杀张献忠。康熙十三年（1674年）又挂定远平寇大将军印，率大军参加平定"三藩"的

战争。康熙十九年（1680年）年底奉诏凯旋，一生颇有军功。康熙亲政初期曾对他十分倚重，在议政王大臣会议中他一度曾处于领衔地位。岳乐之妻为康熙初年辅政四大臣之一的索尼之女，也就是康熙朝十分著名的大臣索额图的妹妹。这是一个与清朝政治和统治紧密相关的家庭。

但在岳端身上，我们却同样可以看到纳兰性德甚至《红楼梦》中贾宝玉的影子。他在爱新觉罗皇室中，以"首倡风雅"著称。他无视民族和阶级的畛（音zhěn）域，广泛地结纳东南名士，被誉为文坛上的奇人。他在清朝的宗室诗人中独占鳌头，近人邓之诚在《清诗纪事》中评价他是"一代宗潢之秀"，说后来的人没有谁能比得过他，就是与江南的耆宿相比，他的诗也算得上是独树一帜。此外，他在诗歌、绘画、音乐、戏曲等方面的造诣，也达到了相当高的水平。

要谈岳端，必须从他的家族说起。这个家族不仅在政治上具备特殊势力，在经济上拥有丰厚财产，而且在清皇族中算得上是最崇尚风雅的一个。宗室昭梿在他的著作《啸亭杂录》中曾提到，早在入关之前的崇德年间，阿巴泰就在率领军队征伐明军之时，将一些汉族文人延揽到自己的府邸中，让他们教育自己的子弟，所以到康熙朝时，宗室文风，以他家为最盛。安亲王岳乐，平素喜欢招纳汉人文士，对子女的教育也重视非常，他在湖广、江西一带作战时，还不忘搜集日后可供子女学习和观摩的书画典籍，并且留心为子女物色有学识的教师。岳端的启蒙教师陶之典就是在"三藩之乱"后期的1680年,由安亲王从长沙军中以车载入北京的。陶之典是湖南宁乡人,诗文书画都很有功底,其父陶汝鼎的诗、文、书法在明代颇负盛名,有"楚陶三绝"之称,所以岳端从小就受到了良好的汉族文化的熏陶。

这种家风,使安亲王的子女们有不少成了习于吟诗作画的风雅子弟。岳端的哥哥、安慤(音què,意诚实)郡王玛尔浑,自称古香主人,著有《敦和堂集》。还曾经选宗室王公的诗,编成《宸萼集》,这是满人最早的一部诗歌总集。他画的钟馗,一直被大学问家孙星衍收藏。岳端的弟弟吴尔占,号雪斋,也能诗善画。他还有个姐姐六郡主,远嫁蒙古,30岁就抑郁而亡于蒙古草原,据说也是诗画兼工。她曾画过一幅梅花,半株生机勃勃,半株几近枯萎,人们都认为这是她为悲叹自己命运的不幸而作,颇引起当时人的注意与同情。

但是,这个曾经显赫一时的家庭,在"三藩之乱"被平定后不久,就因朝廷内部激烈复杂的矛盾,而在康熙帝面前失宠了。首先失势的是岳端的舅父索额图,因为阿附皇太子胤礽,遭到康熙帝的憎恨,被骂作是"本朝第一罪人",于四十二年(1703年)被幽禁,随后死于幽所。他的两个儿子也被处死。康熙帝对安亲王岳乐开始表示出不满,也许与此有关。他罢免了岳乐议政王大臣和掌宗人府事的职务,于二十七年(1688年)将其派遣到蒙古地方驻防,岳乐于第二年(1689年)去世。好在康熙帝还给面子,亲自到王府举哀，谥号曰"和"。但到三十九年（1700年），随索额图处境的进一步恶化，死去多年的岳乐被弹劾，降为郡王，削去谥号。他的三个有爵位的儿子，包括岳端，也由此受到了降爵、停袭的处罚。

岳端是在15岁时就被封为郡王的，父亲死时他21岁，被降为贝子，到三十九年被革去贝子爵，成为闲散宗室。这种每况愈下的境遇，对他的为人和诗作风格都产生了深刻的影响，也是他过早夭折的主要原因。

岳端被革爵时，康熙给他定的罪名是"固山贝子岳端，各处俱不行走，但与在外汉人交往饮酒，妄恣乱行"。就是说他不办公事，只知与"在外汉人"也就是与不在朝廷做官的汉人结交，虽说这并不是他被黜革的真正原因，但他的结交汉族文人，的确是十分突出的。当然，他与汉族文人在一起，未必有什么妄恣乱行之事，无非是在一起吟诗作画而已。

他从小就迷恋汉族文化，虽然15岁就被封为郡王，却只是挂名，每日跟随汉族师傅读书作画，自称"十年摊书做小儒"。对于这些八旗子弟来说，读书并不是祖先传下来的本务，他们也没有"读书做官"的必要，这倒使他们摆脱了钻研八股、应付科举的束缚，许多满族文人能够在诗词上取得一定成就，是与此有关的。

通过他那些汉族师傅，岳端开始结交汉族文人。他与著名的《桃花扇》作者孔尚任、《小忽雷传奇》作者顾彩二人，关系非常密切。他能写出曲作《扬州梦传奇》，与这两名剧作家的影响是不无关系的。他还有一些以词家著称于世的朋友，如姜宸英、顾贞观等。

他尤其喜欢接近寒士,参加中下层汉族文人组织的诗社,不仅常请他们到府中饮酒赋诗或同到郊外赏游,甚至还亲自到这些人家中拜访。为了在文坛早日成名,他常拿自己的作品四处去求人点评。在为他的诗集作序、跋的19人中,只有他的从兄博尔都一个满人,其余全是汉人。他的好友顾卓曾写诗云:

良朋携酒上高台,一笑相留共举杯。
尽道贤王能好士,布衣常到此园来。

岳端礼贤下士之名由此传播开来。这种关系虽然不可能平等,但岳端并没有以王公贵族的身份自居,他待这些人是真诚的。

康熙三十九年的这次黜革,对岳端的打击十分沉重。他从此看透富贵,也看透虚名,加上就在被黜革当年,他的妻子为他生下盼望已久的儿子,谁知第二日就死了,一场空欢喜,给他的刺激极深。他的思想逐渐趋向消极和虚无,他在《咏怀》诗中写道:

人世相纷争,纷争利与名。
仆将利让人,树名思自荣。
拥书或达旦,得句夜时兴。
近好黄老言,颇知死生情。
虚名复何益?日夕常营营。
枯骨不借润,徒招人妒生。

明白表示出他对待政治、对待人生的态度。还有一首《竞渡曲》，他不赞成屈原那种虽九死而不悔地忠于君王的做法，认为甘受朝臣诬陷是不值得的，投江而死也是冤枉的：

> 世途不可处，水底不可留。
> 我劝大夫一杯酒，庶几醉乡还可游。

这种话，可不是一般汉族士大夫所敢想和敢说的了。满、汉文人的观念最深处，还是存在着距离。

岳端的诗、画在清代满族文人中的成就并不是最高的，我们之所以特别将他拿来作例子，是因为他是清朝宗室中第一代文人的典型，是满洲贵族中最早以诗文为业的专业作家。他的家族在清朝政治中的兴衰以及他本人的生活经历与思想历程，都颇具典型意义。整个清代，出现了一批与他相类的宗室文人，在清代文学史上占据了一席独特的位置，其中仅岳端家族，成为著名诗人的还有岳端的堂兄博尔都，经常与他往来的有汉族名士施闰章、毛奇龄、姜宸英等人。他从未参政，所袭爵位也被因故削夺，从此一直幽居于京郊。他曾写《宝刀行》，慨叹自己无用武之地的苦闷，这类借刀自喻的方式，后来成了宗室文人作品中一种常见的传统。岳端的侄孙文昭，也是满族的著名诗人。

其他的宗室诗人，除前已介绍的皇太极的第六子高塞外，比较突出的还有：

桓仁，努尔哈赤之子阿济格的四世孙。阿济格在清入关初就因皇族内部矛盾被赐自尽,子孙都被黜除宗室,直到康熙朝,他的部分子孙才被重新认定宗室身份。桓仁之父普照因此被封为辅国公,桓仁本人也曾被封过辅国公,但后来又被夺爵,从此闲居,度过了一生,他对自己和家族的境遇,也多有悲伤和感叹,但又以荣与枯从来如过眼烟云,不值得过于悲喜来劝慰自己:"一杯相属君听取,浮云富贵焉足娱,我亦不愿衮衣九命朝中趋,我亦不愿金钗十二房中居,但愿年年此夜闲无事,奉待慈闱百岁余。"表白中显然带有几分无奈。他竭力寻求一种不食人间烟火的生活,这使他的作品有一种冷寂的特色。

永瑢,字嵩山,号神清室主人,是努尔哈赤第二子代善的五世孙,生于雍正七年(1729年),死于乾隆五十五年(1790年)。他虽然才识出众,抱负不凡,但终生未做过有实权的官,只被封为镇国将军这样一个闲爵。他们这一代宗室子弟,亲历了满族入关以后皇族内部血腥残酷的兄弟手足之争,倍感心灰意懒,心情抑郁。封建专制主义皇权到清代已发展到顶峰,皇帝对任何有可能威胁到自己统治权力的势力,都予以极其严密的防范,宗室因此而受到历代封建王朝未曾有过的压制。这种压制到乾隆朝最甚,祖上或自身受到过废黜革职、流放谪戍甚至抄家问斩的皇族子弟越来越多。大批不得志的宗室子弟,只能从吟诗饮酒或崇佛求道中寻求精神寄托,文学就成为他们缓解自己沉重的精神负担、表达自己愤懑心情的最好途径。永瑢认为,皇族内的长期纷争像是蚂蚁行为:"呜呼!

大地为高丘,蚁穴纷纷争王侯。侧身欲上九嶷顶,问天何事独留万古愁?"透露了当时皇位之争的残酷事实。他讥讽和鄙视利欲熏心、沽名钓誉之人,说他们贪痴爱欲,泯灭了人的天性;他还反感学习圣贤,认为"学贤与学圣,均皆妄念生",向往不为礼法所拘的淡泊自由的生活,难怪有人将他与《红楼梦》中的贾宝玉相比,猜测曹雪芹曾从他的思想和经历中汲取了素材。

总之,从这些宗室子弟身上,我们可以生动地看到满族贵族中的一些人追慕、沉醉于汉文化之中而丧失尚武精神的过程。这个民族在创天下、守天下的过程中,付出了极为惨重的代价,其中包括与其他部落、民族间进行的残酷战争,也包括内部无数的阴谋、自相倾轧和杀戮,牺牲的不仅是一般人民,也有大量统治集团内部之人,甚至皇族子弟。于是,从他们内部滋生出一批精神上的叛逆者,他们毕竟不像汉族士人,没有受到儒家传统中最深刻的价值观念的濡染,所以,他们能够更敏锐地觉察到这种制度的虚伪、腐败和不可救药,从而陷入无法解脱的苦闷。而他们借以摆脱苦闷的方式,却正是满族统治者所号称最憎恶的"汉人习气"。

 **阿什坦、和素与麟庆**

这几个人属于同一个家族,姓完颜氏。完颜氏是女真望族,在清朝世代显宦,是受儒家传统观念中的

功名心、进取心濡染最深的满洲文人家族之一，是与上述诸典型不同的、"正统"的满族知识分子家族的典型。

一世达齐哈，入关时官至佐领，是有功的武将。

二世阿什坦，字金龙，是顺治九年（1652年）的首科进士。这个家族的改变门风、弃武习文就应该自他算起。他精通满文和汉文经学，是满族早期最杰出的翻译家，更是最早提倡儒学的满洲学者之一。顺治帝标榜"以孝治天下"，他就用满文译出了《孝经》，很得顺治帝的赏识。他还十分恳切地向皇帝上奏，建议禁毁各种杂书，说近日满洲的译书之内多有小说秽言，不仅无益，而且恐怕流行渐染，会败坏人心风俗，所以希望皇上谕令八旗的读书人，以后凡是有关圣贤义理、古今治乱的书可以照旧翻译，此外的杂书秽书翻译则一概禁止，这才是助扬教化、长养人才的正道。他还请求皇上严格规定旗人的男女之别，使满族妇女开始披上儒家伦理观念的枷锁。他的这些主张，都得到了顺治帝的赞许和实行，可能是满族人中最早以儒家的正统观念来对社会进行整治并从思想上排斥异端杂说的主张。

阿什坦在康熙初年四大臣辅政时期曾一度被罢官，据说鳌拜曾令他一见，他却坚决不肯前往。康熙亲政后，与他谈论节用爱人一类话题，对他的见解很为赞赏，誉他是"我朝大儒"。他死于康熙二十二年（1683年），著作还有满译本《论语》，经学著作《大学中庸讲义》等。他还撰写了《清文通鉴总论》，对满洲子弟学习汉族历史有很大帮助。

三世和素（1672～1718年），字存斋，阿什坦之子，康熙时御试清文第一，被赐巴克什号，任内阁侍读学士兼武英殿翻书房总管。他与其父一样满汉兼通，尤其精于音律；他也与其父一样以著名翻译家著称，译过《左传》，可耐人寻味的是，《西厢记》、《金瓶梅》、《太古遗音》诸书，据说也都是由他翻译的，虽然博得了"翻译绝精"的美誉，却都属于被其父斥为"杂书"，要求康熙帝严加禁绝的一类。

以后这个家族便世世以读书和做官为业。做御史的四世白衣保，就已习用汉文写诗，并留下了诗集《鹤亭诗钞》。

麟庆（1791～1846年）是这个家族的第七代子孙。他出生在河南南阳，字伯余，号见亭。他的父亲廷璐是个知府，他娶了个汉人的女儿，这就是麟庆的生母恽珠。

恽珠的身世非同一般，她是清代常州画派著名画家恽南田的曾孙女。恽南田的父兄都参加过明末的抗清斗争，其兄战死，他本人曾为清军俘获，成为清朝总督陈锦的养子。这段经历曾被人编成传奇《鹫峰缘》，上演后脍炙一时。恽珠这样一个典型的江南望族后代，后来竟嫁与满洲官员，还被封为一品夫人，事情本身就是很富于戏剧性的。

恽珠本人也是个才女，世称"蓉湖夫人"。她不仅在绘画上颇有造诣，而且还是位女诗人，麟庆曾为母亲刊刻《红香馆诗词集》，写序的是为《红楼梦》续写后四十回的汉军旗人高鹗。在这部诗词集中有一组题诗是《戏和大观园菊社诗四首》，显出与《红楼梦》中的人物非常相似的情趣。但她毕竟出身于汉族的"儒雅世族"，饱读儒书，有浓重的积极入世思想。她善于以诗书教子，受到时人的赞扬，还鼓励麟庆走科举一途，以建立功业。麟庆一生都是遵母命行事的。

麟庆6岁时曾从祖父处学习满文，但似乎成效不大，所以到晚年自称对满文已"不能详尽始末"。他19岁得中进士，为同榜中最年少者，靠的是汉诗文。从此他一帆风顺，先是被授予内阁中书，读遍了宫中所藏书籍。道光元年又参加《仁宗实录》的编纂工作，得以翻阅了大量常人见不到的珍本，使他大开眼界。此后，他被道光帝选授为安徽宁国府知府，开始了几十年的地方官生涯，其中以任河道总督主管治河的时间最长，世有"河帅"之称。这种"足迹半天下"的实际经历，为他后来写出著名的《鸿雪因缘图记》打下了雄厚的根基。

道光二十二年（1842年），麟庆的政治生涯突遭变故。这年黄河决口，他以未能事先预防而被革职。后来被派遣到库伦（今蒙古国乌兰巴托）任办事大臣，因库伦天寒地远，又已55岁，在长期治河中又染有腿疾，所以称病未行，于道光二十五年（1845年）秋天死于北京，卒年56岁。麟庆晚年思想有一定变化，感到君心难测，仕途坎坷，认为只有"澹泊"、"宁静"才是处世的正道，可以说是对自己当年积极入世态度的一个否定。但这种因个人仕途受挫而引起的牢骚，与前面提到的曹雪芹、纳兰性德等人出于对社会、对人生的深刻认识导致的痛苦和批判，是有着高下之别的。嘉道以后的满族作家，即使追求淡泊，也不过是随遇而安而已。

麟庆最著名的作品是《鸿雪因缘图记》，共3集，240篇，每集有记80篇，图80帧，记述了麟庆一生的行迹，他自己也说这是他的一部别创一格的年谱。该书一记一图，文字富于文采，图也极为工细，是一部体例很独特的散文集，从着笔到成书，共用了20年时间。除了反映一些社会现实和山川地理情况之外，这部书也详细叙述了自己家族的历史，还详记了完颜家族颇富满族特色的家祭始末，对研究满族的历史和风俗，具有一定参考价值。

我们举出这样一个家族，目的是要说明，满汉文化的结合固然产生了像曹雪芹和他的《红楼梦》这样伟大的作家和作品，但这种结合所得的果实中，更普遍、更大量的还是像麟庆和他的家族，即使在价值观念上，他们也与汉族文人并无太大区别。除了统治民族的优越感之外，只有家谱和一些也正在不断改变的祭祀仪式，才能提醒他们的民族身份。

六 "驱逐鞑虏"与"五族共和"下的满族

1911年爆发的辛亥革命,结束了统治中国千年之久的封建专制制度,它无疑是一场伟大的进步的革命运动。但对满族来说,却是"别有一番滋味在心头",提起它来,很多人的心情是颇为复杂的。

这场革命对于满族的影响,并不亚于1644年的清军入关,它标志着满族的发展又进入了一个新的历史阶段。从理论上说,清王朝的灭亡使满族人民彻底挣脱了八旗制度强加于他们身上的束缚,无异于使他们获得了新生。他们可以站在与汉族等国内其他民族同等的地位上,也有利于他们与汉族之间的交流融合,有利于他们与各族人民一道前进。因此,辛亥革命以后,满族不仅没有衰亡,而且在新的基础上更快地向前发展了。

这当然是事实,但是满族在这一过程中所经历的痛苦与屈辱,却也一言难尽,用"脱胎换骨"来形容,是一点也不过分的。

 **"化除满汉畛域"**

有清一代200余年,满族一直作为高踞于全国其

他民族之上的统治民族的形象，出现在历史舞台上。它模仿汉族文化、接受汉族影响，从本质上说，为的是更有效地对汉族地区进行统治。这种不平等的政治地位，决定了二者不可能有平等的、真正意义上的文化交流。虽然满族入居中原之后，与汉族人民朝夕共处，为相互间的融合在客观上创造了条件，但这种交流与融合，却始终是被动的、局部的、零散的。清朝统治者为了维持自己的统治，在鸦片战争之后整个中华民族面临严重民族危机的几十年间，一直将极少数满洲贵族的利益，置于整个国家和民族的利益之上，顽固地维持着"首崇满洲"的统治原则。这一反动而且极其陈腐的做法，把满洲贵族置于与全国各民族、各阶层为敌的地位。"驱逐鞑虏"的口号，就是在这样的背景下，由新兴的民族资产阶级提出来的。

这一口号反映了一个客观的历史事实：从清朝入关以来便存在的满汉间的民族矛盾，虽然有时激烈，有时缓和，却始终未曾消除，当外国侵略势力步步逼近，中华民族的危机日趋严重的时候，这种因满汉民族的不平等地位造成的种种矛盾，已经使当时革命的、爱国的人士无法容忍。当历史进入20世纪的时候，要求清朝统治者改变这种不平等民族地位的呼声，已经发展成不可阻挡的潮流。

清朝统治集团已经看到，满汉间的民族矛盾，已经成为威胁自己统治的极大障碍，而在八旗人丁中长期难以解决的生计问题，此时也因为清政府财政的日益紧张而到了恶化的地步，这使满族内部的阶级矛盾也达到十分激烈和尖锐的程度。满洲贵族在内外交困、万分不得已的情况下，不得不着手对祖宗定下来而且实行了几百年的规矩实行某些"变通"。

作为清朝统治主要支柱的八旗制度，其衰落的起因和主要表现，是八旗生计问题，因此清朝统治者实行的"变通"，也是从这一问题入手的。

"八旗生计"是产生在清代旗人中的一个特殊问题。简而言之，入关以后，清朝统治者为了让旗人职业当兵，以作为维持自己统治的基础，制定了旗饷制度，从此食粮当兵几乎成为旗人的唯一出路。在给予旗人优厚俸饷的同时，清廷断绝了他们务农经商等一切谋生来源，并对他们的行动加以严格的限制，日久之后，形成了清代一个特殊的寄生阶层。这种寄生生活腐化了旗人的本质，而清政府有限的财政又无法负担日趋繁衍的八旗人口，得不到食饷机会的"闲散"（也称"余丁"）越来越多，生活无着，导致八旗中的贫困人数激增。这个问题出现于康熙年间，到乾隆朝开始严重，道光以后则趋于恶化。旗人的贫困严重削弱了八旗劲旅的战斗力，动摇了清朝统治的根基，引起清朝统治者的重视和忧虑。有清一代，他们曾采取了种种措施，诸如赏赐钱粮、替旗兵偿还债务、回赎典卖于民的旗地、增加佐领和兵额、添设养育兵、让汉军旗人出旗为民以扩大满洲旗人的食饷份额等，但只要清朝统治者不肯放弃豢养旗人以作为统治工具的原则，这些措施就只能缓解一时，而不能从根本上解决问题，满族内部的阶级矛盾因此而变得尖锐起来。

总之，八旗制度，这个由努尔哈赤所创立的、满洲贵族借以打天下得天下的根本制度，毕竟是建立在比汉族封建社会更落后的农奴制领主经济基础之上的。它在入关前后一度发挥作用后，必然要迅速走向反面，而生活于其中近300年的满人，作为清代一个特殊的社会阶层，对外与广大汉族人民存在着难以消除的隔阂与敌视，而八旗制度对旗人严格的禁锢和束缚，又严重阻碍了满洲民族的发展。废除八旗制度，让旗人自谋生计，已成大势所趋。道光朝以后，清朝国力日衰，对生计趋于恶化的旗人更是无暇顾及，八旗制度至此，已经濒临崩溃边缘了。

清朝统治者的"变通"，是从旗务改革开始的。这一改革的宗旨，是"开通风气，化除满汉界限"。具体地说，就是废除八旗制度，取消旗人特权，化除民族界限。清王朝曾将此作为自救的一项重要的政治措施，虽然这一切到头来并未能改变它覆灭的命运，但它主动迈出的这一步，不仅说明了满汉民族的交流和融合已是时代的要求，是不可阻挡的历史趋势，同时对于辛亥革命以后满族地位的巨大变迁，在心理上和物质上多少进行了准备。客观上起到了某种缓解矛盾的作用。

改革是从20世纪初开始的。光绪二十七年（1901年）十月，清廷颁布谕旨，明令取消了旗民通婚的禁令。谕旨声称，过去不准满汉通婚，是因为入关之初，两个民族在风俗语言各方面多有差异，如今已过200多年，二者已经同风道一，就应该俯顺人情，废除这一禁令了。

1905年,清廷又宣布取消不准旗民交产的禁令。从此旗地与民地可以自由买卖,满汉民族间在经济上的差别逐渐泯灭。

汉族大臣仍然觉得改革的步子迈得不够快,1907年7月,在他们的强烈要求下,清政府又下令满汉大臣讨论了"现在满汉畛域,应如何全行化除"的问题,并为此采取了更进一步的解决办法。

讨论集中在这样的几个问题上:一是官缺问题,汉族官僚要求删除满汉分缺,得到与满人平等的任职升迁机会;二是要求改变旗、民在法律上的不平等地位;三是主张变更驻防旧制,让驻防旗人一律占籍为民;四是切实推行满汉通婚。还要求满人姓名并列,汉人妇女停止缠足,进一步消除满、汉间的所有差别。

针对这些要求,清政府采取了一些措施,如在法律方面,制定了《满汉通行刑律》,并于1909年改名为《现行刑律》公布施行。从此,满、汉的民刑案件,一律归地方审判厅审理,清代最令汉人反对的旗民间法律上的不平等开始消失。与此同时,清廷还将近300年一直视之为祖先"发祥之地"的关外奉天、吉林、黑龙江三将军辖地,改为与内地一样建立行省,并随之迅速建立起了一套新的地方行政机构。原来那个军政合一、组织严密、担负守土戍边重任的八旗组织,即使在边疆,到这时也已处于半瓦解状态了。

这一系列改革中,最根本也是最重要的是改革旗务问题。1907年8月,清政府正式颁发了《裁停旗饷》诏书，准备为旗人计口授田，逐渐让他们自谋生计。当他们具备了自食其力的条件以后，所有丁粮词讼，就一概改归地方治理，一切与汉族百姓无异。也就是说，清廷已经准备改变旗、民分治的成规，放弃对旗人的一切优待政策，免除旗人的一切特权，旗人从此将与汉人一样，成为封建国家的普通百姓了。为此，清廷采取了诸多措施，除了清理旗产旗地、丈放官荒以分给旗人耕种之外，更注重的是设厂办学，开通民智，训练和培养旗人子弟的各项专业技能，以期提高他们的知识水平和文化素质，最终实现"满汉融合"的目的。

各驻防地的将领都奉命着手为八旗筹划长远之计。如绥远城（今呼和浩特市）的驻防将军贻谷，在清政权垮台前夕的1907年前后，曾为旗人子弟设立了武备陆军学校及中小蒙学校数十所，并出资选送绥远学生或出国留学，或到北洋学堂学习。他还筹办了旗民生计处，创办了工艺局和妇女工厂，如八旗官木厂、官煤厂、面铺、皮房等，让满族子弟入厂学徒，寻找生活出路。贻谷因罪被谴之后，继任的绥远将军信勤更是踌躇满志，作出比贻谷更大的规划，结果因辛亥革命的爆发而中止。又如于光绪三十二年（1906年）出任广州副都统、翌年署理广州将军并于不久后被革命党人暗杀的孚琦，也曾积极为旗人办学，建立了八旗工艺学校和中小学堂。任太原城守尉的宗室载穆，也曾倡农桑，劝女工，兴学校，据说到他离开山西时，该处的旗民男妇能够自食其力者已有200余人。再如湖北荆州驻防佐领恒龄，曾向当时的驻防将军绰哈布上了4条建议，即设警察、兴学校、理财政和练常备军，并得到了采纳。荆州驻防自此开始筹办八旗高等学堂、陆军小学堂。当时办学之款无处可出，恒龄便去谒见总督张之洞，向他面陈规划，得到万元资助，使学校得以建立。他又为学校订立章条，选拔学生，四处奔走去聘请海内名儒，荆州所办的八旗学校，被当时管理此事的部门评为第一，恒龄是功不可没的。

确实有些满人搬到了乡下去种地，也有一批进入了新式学堂，成为满族最早接受新式教育的知识分子。但是，旗人的大多数却仍然麻木不仁，他们还以为清政府会像全盛时期那样，永远包下他们的生活来。

只是，对于满洲贵族来说，这一切都已为时过晚，革命的大潮已经无法遏止了。

 "驱逐鞑虏，恢复中华"

"驱逐鞑虏，恢复中华"，是1905年8月以孙中山为首的中国同盟会成立时提出的政治纲领中的前两句。这个以振兴汉族为号召的口号，在当时起到了巨大的激励作用，从中也可看到，满洲贵族在中国这片土地上积怨之深之久，已是不可否认的客观事实。

满洲贵族长期统治的倒行逆施，受害的是整个中华民族，当然也包括广大满族人民在内。但这种积怨再也难于划出明确的界限，不容否认的是，它不可能不涉及一般的满族人民。1911年10月10日首倡于武昌的辛亥革命，点燃了民族复仇的烈火，出现了满汉民族之间相互仇杀的历史悲剧。

处于汉族包围中的各省驻防旗人首当其冲。一些地方的新军与驻防旗人曾展开激战，旗人往往伤亡惨重。最甚者如西安，新军起义后，先是占领了城内的汉人居住区，从那里沿途放火，烟焰张天，西安驻防将军文瑞驱使旗兵迎战，"分阵固守"，却未能挡住新军的进攻，旗人多有阵亡。其间双方也曾举行谈判，迄不得要领，结果新军又分两路发动进攻，旗营火器已竭，力渐不支，使新军得以攻破满城东门。从日中至暮，双方展开激烈巷战，旗卒战死2000余人，其余都被屠杀，妇女儿童投井自尽者不计其数。又如福州，革命党人在决定发动起义之后，首先占领了城内的制高点于山，使旗人的居住区旗下街成为"釜中之鱼"。福州将军朴寿率领旗兵进行顽强抵抗，组织"杀汉团"，双方发生巷战肉搏多次，最后旗兵失败，朴寿被新军生擒后击毙。总督松寿吞金自尽。这一役，新军死亡13人，旗兵死亡280余人。1911年10月底以后，在南京、杭州、荆州等地，也都出现了程度不等的杀害无辜满人的流血事件。

清王朝的灭亡，结束了满洲贵族在中国土地上长达278年的统治，满族的发展，从此进入一个新阶段。

满洲贵族并不甘心退出历史舞台。当以隆裕皇太后为首的清朝皇室不得不接受《优待皇室条件》，宣布逊位以后，就有毓朗、铁良等人筹备成立"宗社党"，想退回到他们的"祖先发祥之地"东北，重建小朝廷；

新疆伊犁将军志锐与陕甘总督升允也曾密商，想要割据潼关以西，联络新、甘、蒙古为一气，拥溥仪西迁；还有盛京内务府旗人德都护企图组织"勤王军"，"南征勤王"，并派员到吉林进行活动。可是这一切都没能形成气候。

蒙古人曾经在元朝灭亡之后回到故乡草原，并且在那里重新发展成一支对明朝政权颇有威胁的力量，他们虽然再未能恢复成吉思汗时的赫赫威风，但草原还是他们的，他们还有根据地，仍然可以在大漠南北任意驰骋纵横，清朝统治者控制他们，是费尽了心力的。

作为最后一个进入中原的少数民族，努尔哈赤和他的子孙肯定不止一次地对这些民族兴亡的命运进行过认真的思考，肯定也曾考虑过自己的民族在中原大势已去之时的退路。我们如今当然无法猜测这些皇帝的心理，他们是否真的相信自己将世世代代在中原统治下去？他们是否希望自己的下场至少能像蒙古人一样？但从他们的做法来看，如努尔哈赤之欲与明朝划山海关而各自独立，皇太极之谆谆告诫子孙勿忘国语骑射，要认真记取金亡的教训；康熙以后的清朝皇帝千方百计阻止汉人出关，希图保持住满族故乡不被汉人侵占，应该说对此是有过考虑的。所以，当清朝皇帝被赶下台之后，才会有上述种种企图在东北恢复满洲的活动。

可是与蒙古族不同的是，满汉间的融合程度已经太深了。

满族的故乡东北，早已不是200余年前清军入关时的旧貌，不仅汉族人口、文化都占据了相当重要的比重，而且满族本身的民族情绪，也相当地淡漠了。辛亥革命期间，辽宁、吉林、黑龙江三省都有旗人积极参加革命党人的活动，与关内的各省起义遥相呼应，在很大程度上阻止了清帝的东归。而关内各省的旗人，绝大部分或是不愿，或是无法返回他们的故乡。就以北京的旗人来说，200余年来他们已经将京城视为自己的故乡，京师的一切都与他们血脉相通，生息相关，生于斯，死于斯，不留在这里，他们还到哪里去呢？虽然他们的籍贯仍然写着长白山，但长白山又在何处？那里的一切对他们来说已经十分陌生了。

从努尔哈赤创业时起就已担心的事实终于发生了，满族在席卷入关，创下了一番丰功伟绩之后，再也不可能像当年元朝灭亡时的蒙古人一样回到草原，他们已经失去了根据地。好在时代不同了，对这个民族来说，这并不完全是坏事。

 **"五族共和"下的满族**

辛亥革命时期，民族间的仇杀虽然悲惨，但发生并不普遍，在满族最集中的地区如北京、东北，以及一些以和平方式解决了政权交替问题的驻防省份如成都、广州，就没有流血事件发生。对于满族人民尤其是底层人民来说，最难过的，还不是这种暂时性的仇杀，而是随之而来的经济上的窘迫与民族歧视。

辛亥革命彻底摧毁了束缚满族人民200多年的八旗制度，满族人民在居住、营业等方面的一切限制，都被一律废除，各州县都听任他们自由入籍，这对于早已因粮饷减少而引起生计贫困的八旗兵丁来说，是为他们创造了自谋生路的前提，是为他们打开了更为宽广的新天地。可是，清王朝的垮台，也使满族作为统治民族的一切特权随之消失殆尽，劳动本领并非一朝一夕可以掌握，劳动习惯更非一朝一夕即可养成，对于几百年来食粮当兵、过惯了寄生生活而又处于优越地位的满人来说，取消了按期发放的"铁杆庄稼"——钱粮，无异于断绝了他们的一切经济来源，这使他们的生活几乎陷入绝境。过惯依赖生活的人想自食其力是很难的，仅仅从这点来说，满族统治者就把满族人民害苦了。

至今仍有满族同胞埋怨民国政府不履行条约规定。他们至今认为，民国政府对八旗兵采取的是一种极其阴险的政策，即设法削弱或消灭八旗中的劲旅，不发饷，使旗兵生活穷困，以使这支力量自然消灭。

条约，指的是民国政府与退位的清帝所签订的《关于满、蒙、回、藏各族待遇之条件》。民国政府曾向清朝皇室表示："如能让位，不妨从宽"，作为清帝逊位的交换条件，民国同意了清室提出的"禁卫军归民国改编，饷额如旧"和"筹八旗生计，于未筹定前，八旗兵饷，照旧支放"的条件。八旗这支力量的确是迅速瓦解了，但这是否真的是民国政府的阴谋，我们并没有确凿的证据。从情理上说，一个新成立的政权，对于被自己推翻的政府所遗留的问题能够做到这一步，算是够优待的了。可事实是，民国政府成立后，世道一直就没有太平过，正是所谓的"乱哄哄你方唱罢我登场"，走马灯般在政治舞台上轮番上场的军阀、政客、冒险家们，哪里会有兴趣去顾及如何采取措施筹定旗人生计这类问题，而财政一直拮据的民国政府事实上也难像清朝时那样长期地继续将旗人养着，这使"条约"实质上成为一纸空文。总的情况是，各省在取消八旗驻防制度后，对俸饷的支发，多是有名无实，有的地方发放时间较长，但对满族人民的就业问题也未采取任何措施。如北京，按当时规定，在辛亥革命后，八旗粮饷照旧发放，结果粮食仅发至1914年（民国三年），饷银则发至1924年（民国十三年），但最后一次已经仅有几十枚铜板。甘肃于1914年将满营撤销，粮饷随即停止发放，只是于当年三月，在凉州（今武威）、庄浪（今永登）两地成立了"满人工作善后局"，发给每个满兵40两银子，作为"生计银子"，让满兵自行参加生产。四川省属于问题解决较好的地区，按照和平解决的协议，由军政府发给每个满兵3个月俸饷，并成立了"旗务处"，拨款10万元，作为安排旗民生计之用，但对就业问题，也没有安置。新疆则在辛亥革命之后的3年内，由当地财政部门供给八旗兵丁粮饷，按不同等级，分给不同的数量，及后解散满营，每人分发些银两或土地，化兵为民。

南方各地因军阀割据，协议被推翻，旗人的境地，就更形悲惨。许多地区成立军政府后，就立即停发旗饷，裁撤旗营。如驻防广州的八旗兵，在辛亥革命后即被改编为粤城军，3个月后解散，每个满兵只发给广东毫洋10元作为安家费，此外无任何安置。而广州的情况在南方各省中还算是较好的。

旗人于心不甘，他们以为自己既然曾为国家立下过丰功伟绩，国家就不应该、也不可能真的扔下他们不管，只要还有一线希望，他们就想照旧依赖国家活下去。各地都发生了请愿活动，首先发难的是旗人中的寡妇。清朝政府规定八旗寡妇可享受抚恤金，阵亡将士的妻子，其恤金尤为优厚，如今一旦停发，她们的生活立即陷入绝境。于是京旗与各地驻防的寡妇组织了联合上京请愿的活动，但徒劳无功。此后又发生过京旗和外三旗的大规模索饷活动，当然也是一无所获。

一切迷梦和幻想都被打破，再想依赖国家或者什么条规，就只有束手待毙，也的确有走投无路而自杀的。但至此，大多数旗人终于下定了依靠自己的双手谋生的决心。关内各驻防城的满人，有的下乡种田，也有的进入工厂、企业，但更多的还是经营小商小贩，或者从事手工业，也有不少担任小学教师。那种提笼架鸟、游手好闲的民族形象，算是被改变过来了。

尽管《关于满、蒙、藏、回各族待遇之条件》明确规定满族与汉族平等，尽管孙中山在处理国内民族问题上提出了"五族共和"的口号，主张汉满蒙回藏五族在脱离清朝统治后，以平等的地位，共同建立民主共和国："五族共和，遂深注于四亿同胞之心目"

(《孙中山选集》上卷，第100页，人民出版社，1981年），但对满族的民族歧视却普遍存在于当时的社会中，常有满人回忆说，当时"鞑虏"、"胡儿"的骂声不绝于耳。南方有些城市将旗人称为"旗下仔"、"漏刀的"，一直到解放初期。当时社会上还流行着一个著名的笑话：一个衙役问一个旗人："你是什么人？"旗人回答："我是旗人。"衙役大怒："什么？你骑人！老爷才骑马，你敢骑人！"这个笑话，在满汉两个民族中，自有其不同的感受和解说。

艰辛的历程

这场大变动，对于满族内部不同的阶级和阶层来说，产生的影响当然不尽相同，但无论上层权贵，还是下层旗兵，却同样经历了一个颇为难堪的、坎坷的过程。总的趋势是，经过这场洗礼，他们与汉民族在政治地位相一致的基础上，开始了更进一步的文化交融，民族特点急剧消失了。

满洲贵族丧失了统治全国人民的政治特权，作为一个阶级，也走到了日薄西山的没落境地。他们怀念过去煊赫一时的权势和骄奢淫逸的生活，倍感"亡国之痛"，其中有些甚至不惜借助国外别有用心的侵略势力来进行复辟活动。这种将自己极少数特权阶层的利益置于整个中华民族利益之上的做法，不仅遭到汉族人民抗拒，同样也遭到满族人民的唾弃。

没落贵族的日子是惨淡的。一部分人靠坐食家产为生,也有的则用家产开当铺、饭店,或者投资工矿企业,成为新兴资产阶级的一部分。很多满洲贵族将希望寄托在子女身上,一改清朝时满洲权贵子弟不以功名为重的旧习,上学堂和出国留学成为他们之中的一种风尚。按照当时的人口比例推算,满族的留学生、大学生和中学生与其他各族相比是最高的。

一般旗人对于昔日清朝的江山,未必会有多少留恋,但因清朝灭亡而遭受痛苦最深的,却是他们,其中最刻骨铭心的,一是贫穷,一是遭受歧视。许多旗人为了生存,只得隐蔽民族成分,不敢也不愿承认自己是满族人。他们隐去自己的满族姓氏而改用汉名,行事讲话尽量遵照汉人习惯,于是他们的全部生活方式和生活习惯都急剧地变化了。

以北京旗人为例,据满族学者金启孮回忆,清末民初,京师旗营中的满族就已打破世代聚居一处的习惯,开始从营房外移。散出最早的是圆明园的八旗,八国联军攻入北京,圆明园第二次遭受重创之后,他们就四处流散了。辛亥革命以后,旗人居住的限制被取消,虽然很多旗人仍愿居住一处,但为谋生起见,一些旗人开始迁移到汉人集中的地区,尤其是人口较稠密的寺庙附近。他们中略有积蓄的,大多摆个卖零食或卖烟的摊子,也有少数开个小铺、煤厂。没钱的,则打零工,如春、秋干瓦匠,做短工,冬天走街串巷做小贩,卖烤白薯之类,空闲时则拉排子车。旧时北京的各行各业都由"把头"把持着,散居满人与附近汉人相处日久,就有一些人自动为他们牵线,介绍给把头，很多旗人的活路，就是这样找到的。

到乡村种地的旗人，与附近汉族农民通婚的现象越来越普遍。京城的旗人，有的因不愿与汉族通婚，认为日常生活中隔阂很多，结亲后双方别扭，而只在满、蒙、汉旗人中寻找配偶，造成了相当数量嫁不出去的老姑娘。也有的则因生活所迫，急于与有钱人攀亲，致使外地的一些暴发户到京骗婚，有的女方已经有了孩子，待男方要回家乡时，就将女方与孩子一齐甩下，被甩的妇女有的服毒，有的上吊，惨不忍睹。老舍的著名小说《骆驼祥子》中的小福子，就是以这类妇女为原型的。旗人这一时期境遇悲惨，受苦最深的是妇女，但也就是在这无数辛酸故事的背后，满汉通婚的藩篱在被一步步打破。

旗人的社会地位，至此算是与朝夕相处的汉族人民真正一致了，那些做工、做小买卖和种地的下层旗人，这时也才真正成了广大工农群众中的一部分。虽然他们难免保留一些自己的特点，譬如为汉人所嘲讽的"穷讲究"、"死要面子"等，但这已经不足以造成民族间在文化和心理上的真正隔阂了。何况随着时间的流逝，即使这些习惯，在年轻一代的旗人后代中也被淡化。不容否认的是，的确已有相当多的旗人，尤其是下层旗人的后裔，已经消失在汉族的汪洋大海之中了。

最痛苦的可能还是各省驻防旗人，尤其是南方各省，反满情绪更甚。

以广州为例，这里的驻防旗人原是按照满族习惯，称名而不举姓的,后来普遍采用汉姓。辛亥革命后,为了尽量把自己说成是当地人,他们中一些姓氏不太普通的,又纷纷改为与当地人相同的姓氏,如"那"改为"罗","索"改为"关","富"改为"傅","郎"改为"杨"等。至于籍贯,原来写"吉林长白"、"奉天"的,大多改作广东南海人(因满汉八旗驻地属南海县范围),也有的改为番禺县人(因为外省人到广州的多认是番禺县人)。有的甚至一家人认作不同的籍贯,如镶红旗汪家长房将籍贯认作顺德,二房认作南海,三房认作番禺,这在当时是很平常的事。此外,为了把自己装扮成"地道"的广州人,他们对外一般都讲广东话,并尽量模仿广州人说话的语句和音调。在家里接待非满族的亲友时,不仅讲广东话,连亲属的称谓也学着当地汉人的称呼。

清朝的八旗兵丁,多是聚族居住在由政府统一建造的营房中。在广州,满族所居住的古老大屋,一般的头进是门房(俗称门官厅),屏风后面连着大厅,接着是天井。二进是神厅和神后房,接着又是天井。三进是房间,最后是小院子。房间的窗门都装着能上下活动的"满洲窗"。除正间外,两边还有房间,称为"三进深、三边过"。辛亥革命以后,有的满族人家因生活所迫,将部分房屋租给别人居住,有的搬离大屋到外边分居,也有的将大屋卖掉。即使仍住在大屋中,有人也有意识地掩盖其民族特点,或将住屋加以改造,或将带有满族特点的家具丢弃不用。具有满族特色的老屋越来越少。

满族还大力学习与模仿汉人的生活方式与生活习惯，一向习惯梳盘头、戴六个耳圈（满族习惯一耳三环）和穿长旗袍的满族妇女，开始改穿汉族妇女服装。百多年集中居住的习俗也为逐渐分散所代替，与别的民族通婚的也因此而越来越多。满族长期沿用的祭祀、婚丧、节日习惯也在改变着，如原来八旗旗人每年要于春秋举行两祭，此时只剩春祭，做法也从简了。甚至一贯沿用的宗祠也改了名，如镶红旗宗祠改名为"同庆堂"。广州驻防原有一个观音楼，供全体旗人祭祀之用的，到20世纪30年代，也改成了"妙吉祥室"。

大体上说，清朝统治崩溃之后，各地满族的民族特点都在迅速消失，他们从语言、习俗、装束甚至相貌上，都已经与汉族没有什么区别了。如今人们所能找出的满族的所谓特点，往往只是一些遗迹，一些点缀，而再也不是满族文化的主流了。

结束语

1949年新中国建立时,不仅是生活于关内各地的满族,就是东北三省的满族,也已经濒临绝境。很多人都以为,作为一个民族来说,满族已经不复存在了。这种事例在中国历史上是屡见不鲜的,那些曾在历史舞台上叱咤一时的鲜卑人、契丹人,以及与满族渊源关系非常密切的女真人,就早已融入于汉族的汪洋大海中而丧失了自己,人们认为这是很自然的事情。所以,直到今日,提到满族,仍然会有人奇怪地问"怎么还有满族?他们不是早就和汉族同化了吗?"满汉间的文化交融已经达到何种程度,仅从这种误解中就可想而知了。

但是,语言和习俗虽然日渐消失,满族人的民族感情却没有完全泯灭,几十年的颠沛流离,反而使这种被压抑已久的感情更加强烈了。

1952年12月7日,中共中央统战部发出《关于满族是否是少数民族的意见》,指出满族是我国境内的一个少数民族。这是一个对满族来说意义非常重大的决定。从此,满族得以作为一个独立的民族,得到前所未有的充分的发展机会。

1956年2月18日，国务院发出通知，为了增进各民族间的团结，今后除了引用历史文献不便改动外，一律不要用"满清"这个名称。围绕这一决定，各种对满族侮辱性的词汇在逐渐消失。至此，满族才不仅在法律上，而且在社会地位上，以及在人们的心目中，与汉族和其他各民族，取得了真正意义上的平等。如今，旗人、旗下一类词汇，已成为历史名词，年轻一代对这一切已经十分陌生了。

十年动乱结束后，尤其是1984年《民族区域自治法》正式通过以后，满族的发展，又跃上一个崭新的阶段。其表现，一是满族人口急剧增长，1982年全国人口普查时是430万，1990年普查已剧增至982万，增长率128%，如今满族已成为占我国人口总数第四位的少数民族。二是满族民族自治县、自治乡如雨后春笋般出现。1985年6月，辽宁省新宾、岫岩和凤城三个满族自治县正式建立，紧随其后，又相继成立了河北青龙、丰宁，吉林伊通等满族自治县。

这一"重新振兴"现象，在其他民族中虽然也有发生，但是属满族最普遍、最突出。它产生的历史原因是颇为复杂的：一是大量原来已经改报汉族的人要求恢复民族成分；二是一些在文化上、心理上始终不肯认同于汉族的人群，集体要求加入满族，成为这一时期颇引人注目的现象。这些人群中，有的是清代汉军旗人后裔，有的是清代因不肯臣服于爱新觉罗家族的统治而逃入深山的女真部落后人，甚至还有金代即已进入中原,清代并未入旗,但始终保留着自己家谱的女真家族。在已经被作为汉族生活在中原几十甚至上百年之后,再经政府批准回归到满洲这个共同体中,这一现象是非常耐人寻味的。它说明了满族这个民族形成历史的复杂性,更说明了它与汉族之间存在着"你中有我,我中有你"的千丝万缕的联系。从一个民族到另一个民族,这种有出有入,并不是简单的重复,而只能使两个民族在文化上乃至心理素质上更加亲密无间。

用"融而未合"一词形容满汉民族间的关系,应该说是比较确切的。

但满汉文化间的关系,却要更复杂一些。

从先秦时的肃慎起,直到统治中国 200 余年之久的清王朝,女真—满民族在中国这片土地上留下了深刻的足迹和极为丰富的精神遗产。它与汉族文化的交流和结合,曾把中华民族的文化推上一个繁荣的高峰。也正因如此,研究满族历史、文化的学科——满学,才会在最近 10 年中迅速兴盛起来。有关满族文化研究的学会、刊物、书籍正在大量涌现,而且有方兴未艾之势。单是杂志,就有《满族研究》、《满学研究》、《满族文学》、《满语研究》以及台北的《满族文化》等多种,其数量、种类之多,在全国 55 个少数民族中首屈一指。不仅满族本身,就是汉族和其他民族,也都有人在为满族历史和文化的研究倾注大量的热情和心血。满族文化,已经成为中华民族文化中不可忽视的、颇具特色的一部分。

这其中不排除有人为的因素在内。有的地方存在着片面追求满族早已消失的风俗习惯、社会生活方式、宗教祭祀等"特点",甚至人为制造"特点"的做法。有趣的是,人们费力寻到的特点,有很多却原是属于汉族,或者由满汉两个民族共同创造的。例如有些学者认为新宾一带农家所用的农具和一些日常生活用品异于其他地区,殊不知这些用品有的是汉族农民出关后,在与满族人民共同的生活劳动中,将原来的工具加以改进而成,还有的则是朝鲜族的用品。

民族是"融而未合",而文化则可谓是"水乳交融"。也许满族独具特色的传统文化已经所余无几,但这既没有阻碍满族的社会进步,也没有阻碍满族的文化繁荣。民族之间的交流和融合,才是历史发展的必然趋势。

参考书目

1. 《满族简史》编写组《满族简史》，中华书局，1979。
2. 王钟翰：《清史新考》，辽宁大学出版社，1990。
3. 王钟翰：《清史续考》，华世出版社，1993。
4. 中国社会科学院民族研究所：《满族史研究集》，中国社会科学出版社，1988。
5. 冯尔康、常建华：《清人社会生活》，天津人民出版社，1990。
6. 滕绍箴：《清代八旗子弟》，中国华侨出版公司，1989。
7. 金启孮、张佳生：《满族历史文化简编》，辽宁民族出版社，1992。
8. 张菊玲：《清代满族作家文学概论》，中央民族学院出版社，1990。
9. 李林：《满族宗谱研究》，辽沈书社，1992。
10. 贾敬颜：《民族历史文化萃要》，吉林教育出版社，1990。
11. 刘小萌、定宜庄：《萨满教与东北民族》，吉林教育出版社，1990。

12. 周汝昌：《曹雪芹小传》，百花文艺出版社，1980。

13. 金启孮：《北京郊区的满族》，内蒙古大学出版社，1989。

14. 汪宗猷：《广州满族简史》，广东人民出版社，1990。

15. 佟靖仁：《呼和浩特满族简史》，呼和浩特市民族事务委员会，1987。

16. 李林、汤建中：《北镇满族史》，辽沈书社，1990。

17. 《吉林旗务》，天津古籍出版社，1990。

18. 《当代中国的民族工作》，当代中国出版社，1993。

《中国史话》总目录

系列名	序号	书名	作者
物质文明系列（10种）	1	农业科技史话	李根蟠
	2	水利史话	郭松义
	3	蚕桑丝绸史话	刘克祥
	4	棉麻纺织史话	刘克祥
	5	火器史话	王育成
	6	造纸史话	张大伟 曹江红
	7	印刷史话	罗仲辉
	8	矿冶史话	唐际根
	9	医学史话	朱建平 黄健
	10	计量史话	关增建
物化历史系列（28种）	11	长江史话	卫家雄 华林甫
	12	黄河史话	辛德勇
	13	运河史话	付崇兰
	14	长城史话	叶小燕
	15	城市史话	付崇兰
	16	七大古都史话	李遇春 陈良伟
	17	民居建筑史话	白云翔
	18	宫殿建筑史话	杨鸿勋
	19	故宫史话	姜舜源
	20	园林史话	杨鸿勋
	21	圆明园史话	吴伯娅
	22	石窟寺史话	常青
	23	古塔史话	刘祚臣

系列名	序号	书名	作者
物化历史系列（28种）	24	寺观史话	陈可畏
	25	陵寝史话	刘庆柱　李毓芳
	26	敦煌史话	杨宝玉
	27	孔庙史话	曲英杰
	28	甲骨文史话	张利军
	29	金文史话	杜　勇　周宝宏
	30	石器史话	李宗山
	31	石刻史话	赵　超
	32	古玉史话	卢兆荫
	33	青铜器史话	曹淑琴　殷玮璋
	34	简牍史话	王子今　赵宠亮
	35	陶瓷史话	谢端琚　马文宽
	36	玻璃器史话	安家瑶
	37	家具史话	李宗山
	38	文房四宝史话	李雪梅　安久亮
制度、名物与史事沿革系列（20种）	39	中国早期国家史话	王　和
	40	中华民族史话	陈琳国　陈　群
	41	官制史话	谢保成
	42	宰相史话	刘晖春
	43	监察史话	王　正
	44	科举史话	李尚英
	45	状元史话	宋元强
	46	学校史话	樊克政
	47	书院史话	樊克政
	48	赋役制度史话	徐东升
	49	军制史话	刘昭祥　王晓卫

系列名	序号	书名	作者
制度、名物与史事沿革系列（20种）	50	兵器史话	杨毅 杨泓
	51	名战史话	黄朴民
	52	屯田史话	张印栋
	53	商业史话	吴慧
	54	货币史话	刘精诚 李祖德
	55	宫廷政治史话	任士英
	56	变法史话	王子今
	57	和亲史话	宋超
	58	海疆开发史话	安京
交通与交流系列（13种）	59	丝绸之路史话	孟凡人
	60	海上丝路史话	杜瑜
	61	漕运史话	江太新 苏金玉
	62	驿道史话	王子今
	63	旅行史话	黄石林
	64	航海史话	王杰 李宝民 王莉
	65	交通工具史话	郑若葵
	66	中西交流史话	张国刚
	67	满汉文化交流史话	定宜庄
	68	汉藏文化交流史话	刘忠
	69	蒙藏文化交流史话	丁守璞 杨恩洪
	70	中日文化交流史话	冯佐哲
	71	中国阿拉伯文化交流史话	宋岘

系列名	序号	书名	作者
思想学术系列（21种）	72	文明起源史话	杜金鹏　焦天龙
	73	汉字史话	郭小武
	74	天文学史话	冯时
	75	地理学史话	杜瑜
	76	儒家史话	孙开泰
	77	法家史话	孙开泰
	78	兵家史话	王晓卫
	79	玄学史话	张齐明
	80	道教史话	王卡
	81	佛教史话	魏道儒
	82	中国基督教史话	王美秀
	83	民间信仰史话	侯杰
	84	训诂学史话	周信炎
	85	帛书史话	陈松长
	86	四书五经史话	黄鸿春
	87	史学史话	谢保成
	88	哲学史话	谷方
	89	方志史话	卫家雄
	90	考古学史话	朱乃诚
	91	物理学史话	王冰
	92	地图史话	朱玲玲
文学艺术系列（8种）	93	书法史话	朱守道
	94	绘画史话	李福顺
	95	诗歌史话	陶文鹏
	96	散文史话	郑永晓
	97	音韵史话	张惠英
	98	戏曲史话	王卫民
	99	小说史话	周中明　吴家荣
	100	杂技史话	崔乐泉

系列名	序号	书名	作者	
社会风俗系列（13种）	101	宗族史话	冯尔康	阎爱民
	102	家庭史话	张国刚	
	103	婚姻史话	张 涛	项永琴
	104	礼俗史话	王贵民	
	105	节俗史话	韩养民	郭兴文
	106	饮食史话	王仁湘	
	107	饮茶史话	王仁湘	杨焕新
	108	饮酒史话	袁立泽	
	109	服饰史话	赵连赏	
	110	体育史话	崔乐泉	
	111	养生史话	罗时铭	
	112	收藏史话	李雪梅	
	113	丧葬史话	张捷夫	
近代政治史系列（28种）	114	鸦片战争史话	朱谐汉	
	115	太平天国史话	张远鹏	
	116	洋务运动史话	丁贤俊	
	117	甲午战争史话	寇 伟	
	118	戊戌维新运动史话	刘悦斌	
	119	义和团史话	卞修跃	
	120	辛亥革命史话	张海鹏	邓红洲
	121	五四运动史话	常丕军	
	122	北洋政府史话	潘 荣	魏又行
	123	国民政府史话	郑则民	
	124	十年内战史话	贾 维	
	125	中华苏维埃史话	杨丽琼	刘 强
	126	西安事变史话	李义彬	
	127	抗日战争史话	荣维木	

系列名	序号	书名	作者	
近代政治史系列（28种）	128	陕甘宁边区政府史话	刘东社	刘全娥
	129	解放战争史话	朱宗震	汪朝光
	130	革命根据地史话	马洪武	王明生
	131	中国人民解放军史话	荣维木	
	132	宪政史话	徐辉琪	付建成
	133	工人运动史话	唐玉良	高爱娣
	134	农民运动史话	方之光	龚 云
	135	青年运动史话	郭贵儒	
	136	妇女运动史话	刘 红	刘光永
	137	土地改革史话	董志凯	陈廷煊
	138	买办史话	潘君祥	顾柏荣
	139	四大家族史话	江绍贞	
	140	汪伪政权史话	闻少华	
	141	伪满洲国史话	齐福霖	
近代经济生活系列（17种）	142	人口史话	姜 涛	
	143	禁烟史话	王宏斌	
	144	海关史话	陈霞飞	蔡渭洲
	145	铁路史话	龚 云	
	146	矿业史话	纪 辛	
	147	航运史话	张后铨	
	148	邮政史话	修晓波	
	149	金融史话	陈争平	
	150	通货膨胀史话	郑起东	
	151	外债史话	陈争平	
	152	商会史话	虞和平	
	153	农业改进史话	章 楷	
	154	民族工业发展史话	徐建生	
	155	灾荒史话	刘仰东	夏明方
	156	流民史话	池子华	
	157	秘密社会史话	刘才赋	
	158	旗人史话	刘小萌	

系列名	序号	书名	作者	
近代中外关系系列（13种）	159	西洋器物传入中国史话	隋元芬	
	160	中外不平等条约史话	李育民	
	161	开埠史话	杜 语	
	162	教案史话	夏春涛	
	163	中英关系史话	孙 庆	
	164	中法关系史话	葛夫平	
	165	中德关系史话	杜继东	
	166	中日关系史话	王建朗	
	167	中美关系史话	陶文钊	
	168	中俄关系史话	薛衔天	
	169	中苏关系史话	黄纪莲	
	170	华侨史话	陈 民	任贵祥
	171	华工史话	董丛林	
近代精神文化系列（18种）	172	政治思想史话	朱志敏	
	173	伦理道德史话	马 勇	
	174	启蒙思潮史话	彭平一	
	175	三民主义史话	贺 渊	
	176	社会主义思潮史话	张 武 张艳国	喻承久
	177	无政府主义思潮史话	汤庭芬	
	178	教育史话	朱从兵	
	179	大学史话	金以林	
	180	留学史话	刘志强	张学继
	181	法制史话	李 力	
	182	报刊史话	李仲明	
	183	出版史话	刘俐娜	

系列名	序号	书名	作者
近代精神文化系列（18种）	184	科学技术史话	姜 超
	185	翻译史话	王晓丹
	186	美术史话	龚产兴
	187	音乐史话	梁茂春
	188	电影史话	孙立峰
	189	话剧史话	梁淑安
近代区域文化系列（11种）	190	北京史话	果鸿孝
	191	上海史话	马学强　宋钻友
	192	天津史话	罗澍伟
	193	广州史话	张 苹　张 磊
	194	武汉史话	皮明庥　郑自来
	195	重庆史话	隗瀛涛　沈松平
	196	新疆史话	王建民
	197	西藏史话	徐志民
	198	香港史话	刘蜀永
	199	澳门史话	邓开颂　陆晓敏　杨仁飞
	200	台湾史话	程朝云

《中国史话》主要编辑出版发行人

总策划	谢寿光	王　正	
执行策划	杨　群	徐思彦	宋月华
	梁艳玲	刘晖春	张国春
统　筹	黄　丹	宋淑洁	
设计总监	孙元明		
市场推广	蔡继辉	刘德顺	李丽丽
责任印制	岳　阳		